石油和化工行业"十四五"规划教材

应急传播

李 智　王志荣　编著

化学工业出版社

·北京·

内容简介

《应急传播》共 7 章，内容包括：作为独立学科的应急传播学的定位、研究内容和方法等；应急管理学（突发事件、应急管理"一案三制"等）和传播学（传播模式、传受者、传播媒介、内容、效果等）的基础知识和理论；应急科学传播的含义、应急科学传播活动的策划、实施和评估等；应急舆论传播的含义、应急舆论传播的体系、规律以及调控方法和手段等；应急国际传播的含义、传受者、传播内容、传播方法和手段、传播效果等。

本书可以作为高等院校应急管理、安全工程、新闻传播、语言学等相关专业的教材，也可作为安全与应急培训机构教师开展应急管理中传播相关工作培训以及继续教育的教材，还可供广大应急管理与安全工程工作者阅读和使用。

图书在版编目（CIP）数据

应急传播 / 李智，王志荣编著. —北京：化学工业出版社，2025.2. —（石油和化工行业"十四五"规划教材）. — ISBN 978-7-122-46962-5

Ⅰ. G206

中国国家版本馆 CIP 数据核字第 2024BQ8258 号

责任编辑：高　震　杜进祥　　　　文字编辑：赵　越
责任校对：刘曦阳　　　　　　　　装帧设计：韩　飞

出版发行：化学工业出版社
　　　　（北京市东城区青年湖南街 13 号　邮政编码 100011）
印　　装：北京盛通数码印刷有限公司
710mm×1000mm　1/16　印张 10　字数 220 千字
2025 年 2 月北京第 1 版第 1 次印刷

购书咨询：010-64518888　　　　　　　售后服务：010-64518899
网　　址：http://www.cip.com.cn
凡购买本书，如有缺损质量问题，本社销售中心负责调换。

定　　价：38.00 元　　　　　　　　　　　　版权所有　违者必究

前 言

传播是人类生存和发展的基本形态，在包括应急管理在内的一切社会实践中发挥重要作用，其贯穿应急管理的生命周期，从预防与应急准备到监测与预警，从应急处置与救援到恢复与重建。传播是如此重要，因而，全面和系统地了解应急管理中传播的相关知识和理论就显得极为重要，这是本书编写目的所在。

应急传播是一个内涵极为丰富的概念，它涵盖了应急管理生命周期中所有类型的传播行为、传播活动、传播现象等。相关研究目前主要围绕危机传播和健康传播这两个概念展开：一方面，危机传播研究包括危机信息的充分透明、危机处理措施的充分透明、舆论引导、危机传播理论及应用等内容；另一方面，健康传播研究包括大众媒介健康传播的形式、内容和技巧研究，受众媒介接触行为研究和模式建构，以及效果研究，而在突发公共卫生事件中针对不同年龄的公众做好卫生防护的信息传播等内容就可被纳入应急传播研究的范畴。换言之，目前已有的危机传播研究大部分内容以及健康传播研究中的小部分内容可被纳入本书应急传播研究的范畴，但是，应急传播研究的范围无疑更广。

目前，有较多的对应急管理和传播学进行系统介绍的教材，也有一系列关于危机传播和健康传播的教材，但是，以"应急传播"为主题的教材却不多，而本书将在该方面做尝试。具体来说，本书将对应急管理和传播学中最为基础和重要的内容进行介绍，并在此基础上对应急管理学和传播学的交叉部分——应急科学传播、应急舆论传播、应急国际传播相关内容进行介绍。当然，应急管理学和传播学交叉部分的内容极为浩瀚，本书只是呈现了应急传播的研究内容框架以及几部分典型的研究内容。

本书由南京工业大学应急管理学院李智和王志荣共同完成。上海师范大学陈昌来教授对本书的编写工作提供了大量帮助，在此表示衷心感谢。本书为石油和化工行业"十四五"规划教材。

由于编著者水平有限，书中疏漏之处在所难免，恳请大家批评指正。

编著者
2024 年 8 月

目 录

第 1 章　应急传播概述 ... 001
1.1　应急传播的时代背景 ... 002
1.1.1　应急管理面临挑战 ... 002
1.1.2　我国应急管理体系建设不断加强 ... 003
1.2　应急传播的学科定位和概念界定 ... 004
1.2.1　应急传播的学科定位 ... 004
1.2.2　应急传播的概念界定 ... 004
1.3　应急传播的类型和研究内容 ... 005
1.3.1　应急传播的类型 ... 005
1.3.2　应急传播的研究内容 ... 005
1.4　应急传播的研究方法 ... 007
1.4.1　研究方式 ... 007
1.4.2　搜集和分析资料的方法 ... 007
复习思考题 ... 008

第 2 章　应急管理概述 ... 009
2.1　何谓突发事件 ... 009
2.1.1　突发事件的定义 ... 009
2.1.2　突发事件的特征 ... 009
2.1.3　突发事件的分类和分级 ... 011
2.2　何谓应急管理 ... 012
2.2.1　应急管理的定义 ... 012
2.2.2　应急管理的生命周期 ... 013
2.3　我国的应急管理体制 ... 014
2.3.1　应急管理体制的定义 ... 014
2.3.2　应急管理主体 ... 015
2.4　我国的应急管理机制 ... 015

  2.4.1 应急管理机制的定义 ·· 015
  2.4.2 应急管理机制：预防与应急准备 ···································· 016
  2.4.3 应急管理机制：监测与预警 ·· 018
  2.4.4 应急管理机制：应急处置与救援 ···································· 021
  2.4.5 应急管理机制：恢复与重建 ·· 024
复习思考题 ·· 027

第3章　传播学概述 ·· 028

 3.1 何谓传播 ·· 028
  3.1.1 传播概念的沿革 ·· 028
  3.1.2 传播的定义 ·· 030
  3.1.3 人类传播的历史 ·· 031
 3.2 传播的模式 ·· 034
  3.2.1 线性模式 ·· 035
  3.2.2 循环互动模式 ··· 036
  3.2.3 社会系统模式 ··· 037
 3.3 传播的内容 ·· 039
  3.3.1 何谓信息 ·· 039
  3.3.2 何谓意义 ·· 040
  3.3.3 何谓符号 ·· 040
 3.4 传播的特点 ·· 041
  3.4.1 时空分布广泛 ··· 041
  3.4.2 形态复杂多样 ··· 041
  3.4.3 社会性和阶级性 ·· 041
  3.4.4 目的性和计划性 ·· 042
  3.4.5 主动性和创造性 ·· 042
  3.4.6 协同性和互动性 ·· 042
  3.4.7 永恒性和历史性 ·· 042
 3.5 传播的功能 ·· 043
  3.5.1 国内传播功能的界定 ··· 043
  3.5.2 国外传播功能的界定 ··· 043
 3.6 传播的类型 ·· 044
  3.6.1 人内传播 ·· 044
  3.6.2 人际传播 ·· 044

3.6.3 群体传播 ··· 045
3.6.4 组织传播 ··· 045
3.6.5 大众传播 ··· 045
3.7 案例分析 ··· 047
复习思考题 ··· 048

第4章 传播学重要理论 049

4.1 传播者研究 ··· 049
 4.1.1 传播者的定义和分类 ·· 049
 4.1.2 传播者的特征 ·· 050
 4.1.3 传播者的权利 ·· 050
 4.1.4 传播者的责任 ·· 051
 4.1.5 几种重要的传播制度 ·· 053
4.2 传播受众研究 ··· 055
 4.2.1 传播受众的定义和类型 ·· 055
 4.2.2 传播受众的特征 ·· 056
 4.2.3 传播受众的权利 ·· 056
 4.2.4 传播受众的需求和动机 ·· 057
 4.2.5 传播受众的信息选择机制 ·· 059
4.3 传播媒介研究 ··· 060
 4.3.1 传播媒介的定义和属性 ·· 060
 4.3.2 传播媒介的区分原则 ·· 061
 4.3.3 主流传播媒介概述 ·· 062
 4.3.4 主要的传播媒介理论 ·· 064
4.4 传播效果研究 ··· 065
 4.4.1 传播效果的定义和构成 ·· 065
 4.4.2 传播效果的特征 ·· 066
 4.4.3 传播效果的研究史 ·· 067
4.5 传播谋略研究 ··· 069
 4.5.1 直接性谋略 ·· 070
 4.5.2 间接性谋略 ·· 070
 4.5.3 连续性策略 ·· 070
 4.5.4 积累性谋略 ·· 071
 4.5.5 时机性谋略 ·· 071

  4.5.6　定位性谋略 ……………………………………………… 071
 复习思考题 …………………………………………………………… 072

第 5 章　应急科学传播　　073

 5.1　何谓科学传播 …………………………………………………… 073
  5.1.1　科学传播的定义 …………………………………………… 073
  5.1.2　新中国科学传播的历史发展 ……………………………… 076
  5.1.3　西方科学传播的历史演变 ………………………………… 078
 5.2　何谓应急科学传播 ……………………………………………… 082
  5.2.1　应急科学传播的定义 ……………………………………… 082
  5.2.2　应急科学传播者 …………………………………………… 083
  5.2.3　应急科学传播接受者 ……………………………………… 084
  5.2.4　应急科学传播媒介 ………………………………………… 084
  5.2.5　应急科学传播内容 ………………………………………… 085
 5.3　应急科学传播活动的策划 ……………………………………… 086
  5.3.1　应急科学传播活动的定义 ………………………………… 086
  5.3.2　应急科学传播活动的分类 ………………………………… 086
  5.3.3　应急科学传播活动的策划原则 …………………………… 086
  5.3.4　应急科学传播活动的策划要点 …………………………… 087
 5.4　应急科学传播活动的实施和评估 ……………………………… 088
  5.4.1　应急科学传播活动的实施 ………………………………… 088
  5.4.2　应急科学传播活动的评估 ………………………………… 090
 5.5　我国应急科学传播事业现状 …………………………………… 091
  5.5.1　人才培养 …………………………………………………… 092
  5.5.2　媒体传播 …………………………………………………… 092
  5.5.3　场馆建设 …………………………………………………… 093
 复习思考题 …………………………………………………………… 093

第 6 章　应急舆论传播　　094

 6.1　何谓舆论 ………………………………………………………… 094
  6.1.1　舆论的定义 ………………………………………………… 095
  6.1.2　舆论的特征 ………………………………………………… 097
  6.1.3　舆论的分类 ………………………………………………… 098

  6.1.4　舆论的功能 ·· 101
  6.1.5　舆论的场域 ·· 102
 6.2　应急舆论传播体系 ·· 103
  6.2.1　应急舆论传播的界定 ·· 103
  6.2.2　应急舆论传播主体 ·· 104
  6.2.3　应急舆论传播客体 ·· 105
  6.2.4　应急舆论传播渠道 ·· 106
 6.3　应急舆论传播规律 ·· 108
  6.3.1　应急舆论传播的过程 ·· 108
  6.3.2　应急舆论传播的模式 ·· 110
  6.3.3　应急舆论传播的影响因素 ··· 111
 6.4　应急舆论传播调控 ·· 112
  6.4.1　应急舆论传播调控的目的 ··· 112
  6.4.2　应急舆论传播调控的前提 ··· 113
  6.4.3　应急舆论传播调控的方法 ··· 115
 6.5　案例分析 ··· 117
 复习思考题 ··· 123

第 7 章　应急国际传播　　124

 7.1　何谓应急国际传播 ·· 124
  7.1.1　国际传播的界定 ·· 124
  7.1.2　国际传播的沿革 ·· 125
  7.1.3　应急国际传播的界定 ·· 129
 7.2　应急国际传播者 ·· 130
  7.2.1　应急国际传播者的类型和特征 ·· 130
  7.2.2　应急国际传播者：各国政府 ·· 131
  7.2.3　应急国际传播者：跨国企业 ·· 131
  7.2.4　应急国际传播者：国际组织 ·· 132
  7.2.5　应急国际传播者：互联网时代的个人 ······································· 134
 7.3　应急国际传播受众 ·· 134
  7.3.1　应急国际传播受众的界定和特征 ·· 134
  7.3.2　应急国际传播受众的分类 ··· 135
  7.3.3　应急国际传播受众的变化 ··· 136
 7.4　应急国际传播内容 ·· 136

7.4.1 应急国际传播内容的分类 …………………………… 136
  7.4.2 各国政府传播的内容 ……………………………… 137
  7.4.3 国际组织传播的内容 ……………………………… 138
  7.4.4 跨国企业和个人传播的内容 ……………………… 138
 7.5 应急国际传播方法和手段 ………………………………… 139
  7.5.1 扎实做好语言和文化转换 ………………………… 139
  7.5.2 全方位打造融媒体平台 …………………………… 140
  7.5.3 切实提供信息跨境流动管控 ……………………… 140
 7.6 应急国际传播效果 ………………………………………… 143
  7.6.1 应急国际传播效果的定义和分类 ………………… 143
  7.6.2 应急国际传播效果的影响因素 …………………… 143
 7.7 案例分析 …………………………………………………… 145
 复习思考题 …………………………………………………… 148

参考文献 …………………………………………………… 149

第 1 章

应急传播概述

在面对突发事件时，人与人之间进行信息交流与传播的样貌经历了极大的改变。当处于原始社会时，人类会遇到山洪、火灾、瘟疫、蝗灾等各种类型的自然灾害，部落间会因为食物、土地等产生冲突，于是，有关这些事项信息的"口口相传"很自然地就出现了：我告诉你地震快来了，你告诉我另一个部落正在杀过来，等等。可以说，这些信息的交流与传播是人类在彼时恶劣的生存环境下获得存活并进而发展的最基本保障，它们也该算是最早期的应急传播了。

18世纪第一次工业革命爆发之前，除了前述提及的自然灾害、部落冲突之外，人与人之间、国家与国家之间的有关事件的信息交流与传播也变得更加频繁，且相较于之前，印刷媒介取代"口口相传"而逐渐成为最重要的信息传播渠道，传播的效率和质量有了较大幅度的提升。

一直到20世纪末，随着几次工业革命的爆发，工业获得了极大发展，人类社会也开始出现了由工人罢工、政治集团矛盾而引发的暴力冲突、工业灾害、人为环境破坏等全新类型的突发事件，且越来越频发。相较于印刷媒介时代，电子传播通信开始普及，人类在危机事件中互通有无的能力获得极大的提高。特别是在进入21世纪后，随着互联网的普及，在突发事件的应对准备、处置、善后的过程中，人类逐渐学会了使用更加多样的传播方法和手段来提升突发事件应对的水平，而突发事件的全过程、全员应对也更加有赖于应急传播质量的提升，相较于原始社会，应急传播已经呈现出了一幅完全崭新的面貌。

本章将主要对应急传播目前所处的时代背景和应急传播的学科定位、定义、类型、研究内容、研究方法等做一个概要性的介绍。

1.1 应急传播的时代背景

在应急管理中有效和高质量地开展信息传播工作需要我们充分考虑应急传播所处的时代背景：我国正处在社会转型期，社会发展总体向好，但人口、经济、技术、人民生活等诸多问题也就摆在眼前；面对百年未有之大变局，我国应急管理仍然面临诸多方面的巨大挑战，各种类型的突发事件依旧频发；当今世界格局正在发生深刻的调整与演变，地缘冲突持续不断，气候问题愈发严峻，以人工智能为代表的新技术在带来社会发展动力的同时也带来众多安全和伦理问题。

1.1.1 应急管理面临挑战

在新的历史时期，维护国家安全和稳定是我国的重要国家战略，而我国应急管理也始终面临来自包括自然灾害、事故灾难、公共卫生事件、社会安全事件这四方面突发事件的持续和严峻挑战。

首先，我国仍然面临各类自然灾害频发的巨大压力。一方面，全球气候变化导致的各种类型的自然灾害在近些年仍然频发，特别是洪水、干旱、台风、地震等都在我国各地频发，且影响范围极广；另一方面，自然灾害造成的各类人员伤亡和经济损失都极为严重，自然灾害不仅会造成大量的人员伤亡，灾害所在地的基础设施通常也会遭到严重的毁损。所有这些都将增加我国应急管理工作的复杂性和难度。例如，2023年9月5日，第11号台风"海葵"先后登陆了福建省东山县和广东省饶平县等沿海地区，多地发生了城乡内涝、地质灾害，70余条中小河流发生"超警洪水"，福建木兰溪和兰溪发生了"超保洪水"。最终，台风灾害造成福建、广东、江西三省不同程度受灾，因灾死亡6人，紧急转移安置17.7万人，倒塌房屋2600余间，农作物受损面积达到了66.5千公顷，还造成直接经济损失166.6亿元。

其次，事故灾难的多样性与复杂性不断提升。一方面，随着我国工业化和城镇化进程的推进，各类生产安全事故始终处于高发状态，特别是在化工、建筑、交通等行业领域，安全风险仍然较为突出，事故防控的难度也不断加大。另一方面，由新技术带来的安全生产风险也在不断积聚，特别是随着新技术的推广和新材料的应用，新的安全生产事故风险在不断酝酿，这些都增加了我国应急管理工作的技术含量和难度。例如，2023年4月18日，北京某医院在实施 ICU 改造工程的过程中，施工人员在开展具有易燃易爆成分的环氧树脂底层涂料进行自流平地面的施工和净化门门框安装切割动火时，违规动火，造成重大事故。

再次，我国公共卫生事件防控面对较大压力。一方面，全球范围内的传染病疫情仍然频发，这需要公共卫生系统能够快速响应、精准施策和有效协同。另一方面，我国公共卫生体系仍不够成熟完善，在提高疾病预防、监测、预警和应对能力等方面仍有大量建设工作要完成。例如，2023 年，仅江苏省通过国家突发公共卫生事件管理信息系统累计报告突发公共卫生事件就达到了 256起，共计报告病例 16842 人，而从突发事件的性质来看，均是突发传染病事件。

最后，社会安全事件的复杂性与应对难度持续上升。一方面，我国处于社会转型期，在社会快速发展和人民生活水平迅速提高的同时，各种社会矛盾和问题也随之增多，如群体性事件等社会安全事件还时有发生。另一方面，我国应急管理体系中存在的条块分割、信息沟通不畅、资源难以整合等问题，也直接影响了社会安全事件应对的效率和效果。

1.1.2　我国应急管理体系建设不断加强

我国政府于 2018 年成立了应急管理部，主要负责全国范围内的突发事件的应对与处置工作，应急管理体系建设工作进而得到全面加强，应急管理工作的整体效能和突发事件的应对能力也获得稳步提升。

首先，应急管理体制建设工作得到逐步加强。地方各级政府都把基层应急管理能力建设摆上重要的议事日程，着重做好应急管理部门与其他相关部门，应急管理工作与基层党建、基层治理、乡村振兴等不同重点工作的统筹谋划和协同部署，全国的应急管理体系逐渐获得完善，应急救援力量统筹联动的能力得到不断提升。

其次，应急管理机制建设工作获得进一步完善。全社会通过各种方式共同参与应急管理的机制得以确立：一方面，政府着力加强应急管理法治、科技、人才支撑保障等相关建设工作，着力推进应急管理法律和标准的制定、修订等工作，深化实施"智慧应急"战略，推进国家风险监测预警体系建设，加强应急管理领域前瞻性战略性重大问题研究。另一方面，政府采取措施进一步激活和规范安全生产专业技术服务市场，统筹推动安全生产举报和诚信体系建设，大力发展应急产业，支持应急科普基地建设等。此外，我国综合减灾示范创建工作获得夯实，一批基层应急能力提升示范样板工程不断淬炼、打磨和最终呈现。

最后，随着应急管理体制和机制等方面建设工作的不断完善，我国突发事件应对与处置的能力实现稳步上升。我国省、市各级应急指挥部建设工作不断推进和夯实，省级综合应急救援中心基地建设相关工作扎实稳健推动，省级应急救援基地管理办法得以编制和实施，基层应急预案体系建设和预案数字化管理等工作全面落实，在此过程中，全生命周期、全员参与的应急管理能力得到提升。

然而，在看到应急体系建设工作取得长足进步的同时，我们也需要清醒地认识到，我国应急管理工作在现阶段仍然面临诸多挑战。

1.2 应急传播的学科定位和概念界定

1.2.1 应急传播的学科定位

研究应急传播，首先需要明确它的学科定位。应急传播属于新闻传播学中的新闻学、传播学与公共管理学中的应急管理学的交叉领域，并且主要是传播学的研究对象，相关研究目前也主要围绕"危机传播""健康传播"等主题在传播学领域内展开。

1.2.2 应急传播的概念界定

应急传播是指应急管理工作中的各种类型的传播行为、传播活动、传播现象的总称。具体来说，应急传播是指应急管理相关的多元主体（主要包括政府职能部门、企业、社会组织、个人）之间，就常态的应急管理工作和非常态的突发事件应对和处置等事项进行交流沟通的一系列活动，应急传播目的主要在于改善应急治理以及提升应急管理生命周期中各阶段不同工作的效率和质量，例如，多元主体就应急管理相关事项互通有无、政府发布突发事件的预警信息、医护人员对突遇变故的受灾人员进行心理抚慰、不同国家和地区之间就应急管理国际合作与交流开展各个层次的对话等，这些都属于应急传播的范畴。

应急传播是一个内涵丰富的概念，同它相关的概念主要包括危机传播、健康传播等，但是，相较于这些概念，应急传播的概念统摄性更大，内涵也更为充实。例如，危机传播的研究内容主要包括危机信息的高度充分透明、危机处理措施的高度充分透明、舆论引导、危机传播理论及其应用等；健康传播的主要研究内容包括大众媒介健康传播的形式、内容和技巧研究，受众媒介接触行为研究和模式建构,以及效果研究,而诸如如何在突发公共卫生事件中针对不同年龄段的公众做好卫生防护的信息传播就属于健康传播的范畴;可见,"危机传播"中的大部分内容以及"健康传播"中的一部分内容都可被"应急传播"这一概念所包含。而如前所界定,本书所使用的"应急传播"涵盖了关于所有类型的突发事件的、发生在应急管理的整个生命周期中的、任何一个阶段的任何传播行为、传播活动、传播现象,因而,它是一个意蕴极为饱满的概念。

1.3 应急传播的类型和研究内容

1.3.1 应急传播的类型

从不同的角度出发,传播可以有不同的分类,而这些分类同样也适用于应急传播。例如,按照传播内容的不同,可以分为应急经济传播、应急政治传播、应急文化传播、应急艺术传播等;按照传播范围的不同,可以分为应急国内传播、应急国际传播和应急全球传播;按照传播主体和客体之间的关系的不同,可以分为应急人际传播、应急群体传播、应急组织传播和应急大众传播。此外,根据信息传播所处的应急管理的不同阶段,应急传播还可以分为预防与准备阶段的应急传播、监测与预警阶段的应急传播、处置与救援阶段的应急传播、事后恢复与重建阶段的应急传播,这是学者们可以开展应急传播研究的重要切入维度。

事实上,根据传播主客体间的关系进行的分类还能够衍生出有关应急传播的广义界定和狭义界定:广义的应急传播包括应急管理生命周期不同阶段中的人际传播、群体传播、组织传播和大众传播;狭义的应急传播则指其中大众传播的部分,即以一般大众为对象而进行的大规模的应急管理相关的信息生产和传播活动。本书主要采取后一种界定,即将研究重点放在应急管理相关信息的大众传播方面,而对其他类型的应急传播不做重点探讨。

1.3.2 应急传播的研究内容

传播学的奠基人之一拉斯韦尔在《社会传播的结构与功能》一文中提出了著名的5W模式(第3章将做具体介绍),即传播过程由五个环节构成,分别是"谁(传播者,who)""说什么(传播内容,what)""通过什么渠道传播"(in what channel)"对谁说(传播接受者,to whom)""产生了什么传播效果"

(with what effects)，之后，大众传播学研究也被分成了五部分内容，因而，作为大众传播的特殊类型的应急传播也可从该五方面开展研究：

第一，应急传播者研究。国家和各级政府是最基本的应急传播者，但他们并不是唯一的应急传播者，除了国家和政府之外，应急传播者的类型较为多元，还包括企业、社会组织以及个人。应急传播者研究主要是对国家和各级政府这个最重要的应急传播者进行考察和分析，研究他们的传播规律与特征。当然，我们也可以对其他传播者的行为以及他们与政府的互动和协同进行分析。

第二，应急传播内容研究。应急传播内容是指在应急管理的生命周期中、在各类突发事件的应对和处置的所有阶段中流动的信息。应急传播内容研究可从应急管理的四个不同阶段着手，关注每个阶段的传播内容有何特殊性，是否有传播规律可以遵循等。例如，本书将重点关注在应急处置与救援阶段的舆论传播现象，以及在应急预防与准备阶段的应急科学传播（即应急科普）现象。

第三，应急传播接受者研究。应急传播接受者较为多元，且同样可以依据应急管理所处的不同阶段进行分类。相较于常态，在面对突然来临的自然灾害或群体性事件时，作为传播接受者的公众的行为可能会发生变异，而如果以对待常态接受者的标准和尺度去对待处于突发事件情境中的接受者，轻则导致传播失效，重则引致社会失序。因而，如何使处于突发事件情境中的公众接受传播者的信息和思想就显得格外重要，值得重点研究。此外，该类研究特别需要对传播接受者进行分类，并在此基础上对各种类型的接受者的基本特征、内在需求以及他们构成的传播网络等进行分析，从而获得对他们本质特征的认识。

第四，应急传播媒介研究。应急传播媒介包括报纸、杂志、电视、电影等传统媒体，也包括以电脑为终端和以手机为终端的互联网。应急传播媒介研究是媒介研究中偏重应用的部分，着重探索什么样的媒介以及媒介组合有助于实现更优的应急传播效果。在媒体融合已经成为当下媒介传播主流的情境下，传播者应当重点关注如何实现不同媒介的优势互补，如何实现不同媒体平台的优势互补，以及如何充分应用现代信息技术打造应急传播融媒体平台。

第五，应急传播效果研究。应急传播效果研究主要关注传播对人的行为产生的有效结果，并通过对这些结果的分析来探究实现这些结果（即实现应急传播者的意图或目的）的有效方法和手段。具体来说，相关研究主要涉及诸如如何通过反复传播信息、明确传播目的、瞄准特定的受传者、采用不同的传播方法和手段来提高传播的效果。此外，应急传播效果的测评方法同常态下的效果测评会有所不同，特别是当需要了解和把握突发事件中公众的认知、情绪或态度因信息传播而发生的变化难度极大。

1.4 应急传播的研究方法

应急传播是新闻传播学中的新闻学和传播学以及公共管理中的应急管理学的交叉结合领域，因而，其研究遵循社会研究的一般范式和方法。

社会科学研究方法可以分为三个层次：方法论层次，主要包括实证主义和人文主义；研究方式层次，主要包括定量和定性研究；第三层次是搜集和分析资料方法和技术（风笑天，2022）。此外，逻辑思维贯穿所有类型和内容的社会科学研究，包括归纳和演绎、分析和综合、抽象和具体等。如下我们将主要从第二和第三个层次对应急传播的研究方法做一说明。

1.4.1 研究方式

在研究方式上，应急传播采取定性和定量相结合的方法。我们在考察任何一种传播行为、传播活动或传播现象时，都需要从质（定性研究）和量（定量研究）这两个方面对其进行总体把握，前者是后者的基础，后者是前者的拓展和深入，这是研究者全面掌握研究对象信息的基础。

应急传播是应急管理和传播交叉结合的研究领域，因而，研究者首先就需要对该领域内的一些基本概念和基本范畴进行框定，对它们的定义、内涵和外延做出定性的阐释，精确说明它们是什么和不是什么，以及属于什么范畴和不属于什么范畴，如果这些最基本的内容含混不清或者界定不科学，应急传播相关研究就会陷入凌乱和失序的状态，而作为一门交叉学科的发展也将无从谈起。

定量研究是在清晰界定的基础上展开的，如果基本概念或范畴搞错了，或者一个学科领域内的学者们都各执一词，再准确的定量研究都将无济于事。例如，想要了解突发事件中政府对应急传播接受者进行舆论引导的效果，首先就需要对该类效果进行界定，这种效果是仅体现在突发事件发生时，还是体现在突发事件发生后的一段时间内，这需要在着手搜集资料和开展研究之前就进行科学合理的界定和解释，否则，仓促的定量测量会显得不科学和经不起推敲。

1.4.2 搜集和分析资料的方法

无论是在定量还是定性研究中，资料的搜集和分析都必不可少，而在应急传播研究中较为常见的方法包括问卷调查法、内容分析法、访谈法等。

问卷调查法是一种在传播学研究中经常使用的资料搜集方法。研究者根据研究目的编制详细周密的问卷，问卷是一组与研究目标有关的问题，通过被调查者的回答，调研人员可以对应急管理不同阶段的传播活动的特征进行准确、具体的测定，并获得相应的数据，从而为后续的数据分析打下基础。问卷调查法具有通俗易懂、实施方便的特点，并且适用范围广泛，既可用于自填式问卷调查（如报刊、邮政、送发问卷），也可用于代填式问卷调查（如访问、电话问卷调查)，已经成为包括传播学在内的现代社会研究中运用最为普遍的一种方法。

内容分析法，也称信息分析法，是一种在20世纪才开始兴起的研究方法。它通过考察人们所写的文章、书籍、日记、信件，所拍的电影、电视以及照片，所创作的歌曲、图画等，来了解人们的行为、态度和特征，进而了解和说明社会结构及文化变迁。内容分析方法假定：在这些传播的材料中所发现的行为模式、价值观念和态度，反映并影响着创造和接受这些材料的人们的行为、态度和价值观。因此，除了信息本身的内容外，内容分析还被用来研究信息发出者的动机，以及信息传播的效果或者影响（风笑天，2022）。

访谈法是指访谈人通过和受访人面对面交谈来了解受访人的心理和行为的研究方法，它一般需要访谈人事先根据研究目的制作访谈提纲，并在访谈结束之后整理所获得的文字、音频、视频资料，并通过对整理过的资料进行分析得出结论。按照研究问题的性质、目的或者对象的不同，访谈法可以分成不同的类型，例如，访谈有正式的，也有非正式的；有逐一采访询问的个别访谈，也可以开小型座谈会，进行团体访谈；而根据访谈进程的标准化程度，还可以被分为结构性访谈和非结构性访谈。访谈法的运用范围广，优势在于能够直接了解到受访者的思想、心理、观念等深层内容，能够较为简单而迅速地收集到多方面的资料，因而深受研究者的青睐。

当然，除了如上三种方法之外，应急传播研究还会使用其它研究方法，包括实验法、个案研究法、扎根理论等，感兴趣的读者可以寻找专门的社会科学研究方法书籍进行阅读和学习，本书不再详述。

复习思考题

① 请简述应急传播背景下我国应急管理所面临的形势。
② 请简述应急传播背景的国际形势。
③ 请简述何谓应急传播以及它的类型。
④ 请简述应急传播研究可以主要从几个方面展开。
⑤ 请简述应急传播的主要研究方法。

第 2 章

应急管理概述

应急管理是应急传播发生的现实背景,因而,本章将对突发事件定义、特征、分类、分级以及应急管理的定义、生命周期、体制、机制等有关应急管理和突发事件的最基础内容做一个概要性介绍。

2.1 何谓突发事件

2.1.1 突发事件的定义

《中华人民共和国突发事件应对法》指出,突发事件是指突然发生,造成或者可能造成严重社会危害,需要采取应急处置措施予以应对的自然灾害、事故灾难、公共卫生事件和社会安全事件。

2.1.2 突发事件的特征

学者们关于突发事件特征的界定各有侧重,从不同的侧面展现了突发事件的内涵和外延,也有助于我们更好地理解什么是突发事件。

杨月巧、王慧飞(2020)认为,突发事件有突然性、公共性和全面性。第一,突然性是指事件发生后给人们思考、决策的时间很短。第二,公共性是指突发事件所造成的危害或者影响范围很大。第三,全面性是指不仅要关注已然造成损失的事件,还要关注可能造成损失的事件。

钟开斌(2020)认为,突发事件有突发性、危害性、紧急性和公共性。第一,突发性是从突发事件的发生形式而言的,事件在短时间内突然发生,出乎预料,人们对何时、何地、因何原因、发生何事以及会造成哪些危害事先缺乏科学全面的认知,因此很难在事前做好准确规划和充分准备。

第二,危害性是从突发事件造成的影响和后果而言的,一方面,这些危害包括客观损失(如人员伤亡、经济损失、环境影响、社会秩序破坏等),也包括主观影响(如政治影响、社会影响、媒体关注、敏感程度等);另一方面,这些危害有可能是暂时的或者短时的,也有可能则是长期存在的,少则几年,多则数十年甚至上百年。

第三,紧急性是从突发事件应对的要求而言的,对危害需要立刻采取措施加以应对,此时往往会存在信息不全、情况不明和时间紧迫等诸多问题。

第四,公共性是从突发事件的影响范围而言的,即突发事件威胁的是公共安全,事关不特定多数人的生命安全、身体健康以及财产安全、生态环境安全、经济社会发展甚至国家安全。

李雪峰等(2018)认为,突发事件具有危害性、紧迫性和不确定性。

首先,突发事件具有危害性。突发事件的危害性主要包括人身危害、经济危害、环境危害和声誉危害四个方面:人身危害是指对人的生命和健康安全的危害,包括对精神的损害,尤其是指受灾或者受难人群或者脆弱人群所受到的伤害;经济危害是指对个人财产和企业经济效益、行业经济、地方基础设施的直接损害以及对地方经济发展、国家经济安全的威胁情况,有的突发事件甚至会威胁到企业的生存;环境危害是指对自然环境和景观以及生物物种等的危害;声誉危害是指对政府、政府官员和企业的声誉所造成的危害。

其次,突发事件具有紧迫性。由于突发事件已经造成或者可能造成极大危害,因此,突发事件应对和处置往往具有极大的紧迫性,这主要体现在事态的控制和处理要及时、对突发事件直接影响和波及的人民生命财产保护要及时、对受损基础设施的恢复要及时、对突发事件形势发展的反应要及时等方面。

最后,有关突发事件的发生、发展、演化等诸多信息具有不确定性,并且处置主体本身的差异性也会给突发事件应对带来极大的不确定性。突发事件发生时,由于时间紧迫或者受到各种条件限制,突发事件处理人员可能无法获得准确详尽的信息,突发事件的各种属性特征不明、原因不明;突发事件的发展态势很难把控,危害会持续多久、会有次生危害发生与否、是不是会愈演愈烈等都难以把控;由于各种通信的普及,关于突发事件的各种信息会迅速传播,不良的社会影响会迅速扩大,这种影响最终会存续多久、会波及多大范围、会最终产生多大负面影响往往非常难以准确和定量判断,并且很多负面影响经过很长时间才会逐渐显现;突发事件处置主体责任不清、经验不足和准备不足也都会造成有关突发事件的诸多不确定性。

2.1.3 突发事件的分类和分级

在我国，根据突发事件发生的原因、导致危机状态的影响程度和范围、产生社会危害严重程度的不同，突发事件可分成不同类型和级别，而面对不同类型和级别的突发事件，政府应对的措施和手段也有不同（薛澜，钟开斌，2005）。

首先，《中华人民共和国突发事件应对法》将突发事件分为四类：自然灾害、事故灾难、公共卫生事件、社会安全事件（见表2.1）。

表 2.1 突发事件不同类型示例

类型	突发事件不同类型示例
自然灾害	水旱灾害，台风、冰雹、雪、高温、沙尘暴等气象灾害，地震、山体崩塌、滑坡、泥石流等地质灾害，森林火灾和重大生物灾害等
事故灾难	民航、铁路、公路、水运、轨道交通等重大交通运输事故，工矿企业、建筑工程、公共场所及机关、企事业单位发生的各类重大安全事故，造成重大影响和损失的供水、供电、供油和供气等城市生命线事故以及通信、信息网络、特种设备等安全事故，核辐射事故，重大环境污染和生态破坏事故等
公共卫生事件	重大传染病疫情、群体性不明原因疾病、重大食物卫生事件和职业中毒、重大动物疫情，以及其他严重影响公众健康的事件
社会安全事件	非法集会游行示威，聚众包围冲击党政机关、重要部门和机构，聚众冲击要害单位，聚众堵塞交通，非法占据公共场所，聚众哄抢，大型文体商贸活动中聚众滋事，聚众械斗，严重危害公共安全、社会秩序的其他紧急治安事件

第一类，自然灾害指由于自然异常变化造成的人员伤亡、财产损失、社会失稳、资源破坏等现象或者一系列事件。

第二类，事故灾难是在人们的生产、生活过程之中发生的，直接由人的生产和生活活动引发的、违反人们意志，迫使生产和生活活动暂时甚至永远停止的意外事件，它会造成重大人员伤亡、经济损失或者环境污染。

第三类，公共卫生事件指已经发生或者可能发生的、对公众健康造成或者可能造成重大损失的事件，包括传染病疫情、群体性不明原因的疾病、食品药品安全和职业危害、动物疫情，以及其他严重影响公众健康和生命安全的事件。

第四类，社会安全事件指影响社会稳定、带来社会危害的突发事件，主要包括恐怖袭击事件、重大刑事案件、金融安全事件、规模较大的群体性事件、民族宗教突发群体事件以及其他影响严重的突发性社会安全事件。

其次,根据《中华人民共和国突发事件应对法》,按照社会危害程度、影响范围等因素,突发自然灾害、事故灾难、公共卫生事件可以分为四个等级:特别重大、重大、较大、一般。此外,根据突发事件可能造成的危害和紧急程度、发展趋势,自然灾害、事故灾难、公共卫生事件的预警级别也被分成四个等级:一级、二级、三级、四级。四个级别分别用红色、橙色、黄色、蓝色标示,一级为最高级别(见表2.2)。

表 2.2 突发事件的等级和预警

突发事件等级	威胁程度	预警颜色
一级(特别重大)	一级(特别严重)	红色
二级(重大)	二级(严重)	橙色
三级(较大)	三级(较严重)	黄色
四级(一般)	四级(一般)	蓝色

再次,不同类别的突发事件以及不同级别的突发事件也由政府的不同职能部门以及不同级别的政府职能部门进行处理。公共卫生事件、社会安全事件分属于国家卫生健康委员会和公安部管辖;自然灾害和事故灾难属于应急管理部管辖;此外,在重大灾害发生之后,应急管理部、卫生健康委员会、公安部门以及诸如气象、交通、地质、国土安全、新闻宣传、民政、金融等多个部门协同配合来负责突发事件的应对处置是常态。

最后,突发事件的响应分级也决定了政府的应急处置权限和方式。面对不同类型和级别的突发事件,各级政府首先一般遵循"统一领导、综合协调、分类管理、分级负责、属地管理为主"的处理原则。换言之,绝大部分的突发事件都首先由所属地政府组织力量加以解决,而只有当突发事件的规模和破坏程度远远超出了所在地政府的处理能力时,上一级政府才会介入。

2.2 何谓应急管理

2.2.1 应急管理的定义

学者和政府部门都对应急管理做过界定,各有侧重,有的关注管理主体,有的着眼管理目的,有的聚焦工作内容,这有助于我们更好地理解应急管理。

美国国土安全部在2007年出版的《术语(2007)》中提出,应急管理是指协调和整合对建立、维持、提高突发事件应对能力来说有必要的所有一系列活动，这些活动主要包括针对潜在或者现实灾害、紧急事务等而进行的准备、响应、恢复、减缓等。

《联合国国际减灾战略术语（2009）》提出，应急管理是组织与管理应对紧急事务的资源与责任；应急管理包括各种计划、组织与安排，目的是整合政府、非政府组织、志愿者与私人机构以满足各种紧急需求。

闪淳昌、薛澜（2021）提出，应急管理是针对各类突发事件（包括自然灾害、事故灾难、公共卫生事件和社会安全事件），从预防与应急准备、监测与预警、应急处置与救援到事后恢复与重建等全方位、全过程的管理。

钟开斌（2020）认为，应急管理是政府以及其他公共机构在突发事件生命周期中，采取预防与应急准备、监测与预警、应急处置与救援、事后恢复与重建等措施，以控制、减轻和消除事件引起的社会危害，保护人民生命财产安全，维护国家安全、公共安全、环境安全、社会秩序的活动。

杨月巧、王慧飞（2020）认为，应急管理包括突发事件前的准备工作、突发事件发生后的响应工作，突发事件发生之后的社会支持、恢复以及重建工作。具体而言，应急管理包括应急预案体系建设、应急设备和基础设施建设、危险源与风险检测、隐患排查与防范、应急演习演练、应急宣传和培训、应急公众教育、应急科学和技术发展、预警与应急救援设备设施建设和维护、应急救援队伍建设、应急储备建设、预测与预警、应急处置、恢复与重建、应急保障，以及应急责任追究与奖惩等与突发事件应急直接或者间接相关的多项内容。

2.2.2 应急管理的生命周期

应急管理的生命周期主要涉及应急管理过程的阶段划分，学者们建构了不同模型对此进行表征（杨月巧，王慧飞，2020），主要有三阶段模型、四阶段模型、五阶段模型、六阶段模型（见表2.3）。

表 2.3 应急管理的生命周期模型

序号	生命周期模型	学者的研究成果
1	三阶段模型	Haddon 模型
2	四阶段模型	Fink 模型、"4R"模型、PPRR 模型、MPRR 模型
3	五阶段模型	米托夫的五阶段模型、布斯危机生命周期理论
4	六阶段模型	奥古斯丁的六阶段模型

William Haddon（1972）提出三阶段模型来描述突发事件应对的整个过程，这三个阶段分别是危机前、危机中以及危机后。

Fink（1986）提出四阶段模型，分别是潜伏期、发生期、蔓延期以及衰退期，该模型后来得到进一步发展和应用。Heath（1998）提出了"4R"模型，分别是缩减、预备、反应、恢复。Yates（2003）也将突发事件应对和处置分成了四个阶段，分别是预防、准备、应对或反应以及结束期的恢复，即 PPRR 模型。美国联邦紧急事务管理局对 PPRR 模型进行了优化，将应急管理分成减缓、预防、反应以及恢复，即 MPRR 模型。

米托夫（1988）提出五阶段模型，分别是信号侦测阶段、准备及预防阶段、损失控制阶段、恢复阶段、学习阶段。西蒙·布斯（1993）也把突发事件的应对分为了五个时期，即危机酝酿期、危机爆发期、危机扩散期、危机处理期以及危机处理后续期，并认为危机处在不同阶段有其不同的生命特征。

奥古斯丁（1995）提出了六阶段模型，它们分别是危机的避免、危机管理的准备、危机确认、危机控制、危机的解决、从危机中获利，并且对各个阶段提出了相应的应对策略。

国内学者也对应急管理生命周期进行了阶段划分，但大多是在对国外研究进行借鉴的基础上展开的，主要是将不同阶段模型中的阶段进行了拆分、拼接、重排或者冠以了新名称，总体并未超越国外研究范畴，故本书不做具体介绍。

2.3 我国的应急管理体制

2.3.1 应急管理体制的定义

应急管理体制是由横向和纵向机构、政府与社会组织结合的一个复杂系统，包括领导指挥机构、专项应急指挥机构、日常办事机构以及专家智囊机构等（钟开斌，2012）。换言之，应急管理体制不仅包含以实体形式存在的应急管理主体，还包括对这些主体的责任的界定以及它们之间关系的规定。近些年，我国党和政府陆续出台的几个政策文件都对我国应急管理体制做出了界定。

2019年，中国共产党十九届四中全会通过的《中共中央关于坚持和完善中国特色社会主义制度推进国家治理能力现代化若干问题的决定》提出，我国政府要着力构建"统一指挥、专常兼备、反应灵敏、上下联动"的应急管理体制。

2021年，《"十四五"国家应急体系规划》颁布，"规划"提出，到2025年我国应急管理体系和能力现代化取得重大进展，最终形成"统一指挥、专常兼备、反应灵敏、上下联动"的中国特色应急管理体制。

2024年6月，我国新修订的《中华人民共和国突发事件应对法》也明确提出，我国要建立"统一指挥、专常兼备、反应灵敏、上下联动的应急管理体制和综合协调、分类管理、分级负责、属地管理为主的工作体系"。

2.3.2　应急管理主体

应急管理主体是应急管理体制的实体性内容，具体来说，它是指在应急管理过程之中承担各种职能的机构、组织和个人，他们拥有一定的管理权力，同时也要承担相应的责任，共同决定着应急管理的方向和进程（李雪峰等，2018）。

我国的应急管理主体较为多元，包括政府、企业、社会组织、各类国际组织等，他们在应急管理中发挥着不同的作用。

2.4　我国的应急管理机制

2.4.1　应急管理机制的定义

应急管理机制涵盖了突发事件的事前、事发、事中、事后的整个过程之中各种制度化、程序化、规范化和理论化的方法与举措，以及应急管理系统内部的各个子系统之间、子系统内部的各要素之间相互联系、相互作用、相互影响、相互制约的方式及应变机理（杨月巧，王慧飞，2020）。

《中华人民共和国突发事件应对法》将应急管理机制概括为四部分内容：预防与应急准备、监测与预警、应急处置与救援、恢复与重建。这四部分内容围绕有效应对和处置突发事件展开，并在统一的管理框架下融会贯通、相互影响，共同构成了我国"统一指挥、反应灵敏、协调有序、运转高效"的应急管理机制不可或缺的组成部分。如下将从"预防与应急准备""监测与预警""应急处置与救援""恢复与重建"四个方面对我国应急管理机制的具体内容做介绍。

2.4.2 应急管理机制：预防与应急准备

预防与应急准备包括两方面工作内容：一方面，预防是指在突发事件发生之前，通过政府主导和动员全社会参与，采取诸如风险摸排等各种有效措施，来防范重大风险的产生以及消除引发突发事件的隐患，从而避免或减少突发事件发生；另一方面，应急准备是指在突发事件来临前，做好各项准备，来防止突发事件升级或扩大，最大限度地减少突发事件的发生及其造成的损失和影响。预防与应急准备是防患于未然的阶段，体现预防为主、预防与应急并重以及常态与非常态结合的应急管理原则。更加具体来说，该阶段包括 5 方面具体内容。

2.4.2.1 社会管理机制

建立健全社会管理机制可以从根本上避免和减少突发事件，可以为人类社会生存和发展创造既有秩序又有活力的基础运行条件和社会环境。

社会管理机制主要由八个方面的内容构成：①加强和完善社会管理格局；②加强和完善党和政府主导的维护群众权益的机制；③加强和完善流动人口和特殊人群的管理和服务；④加强和完善基层社会管理和服务体系；⑤加强和完善公共安全体系；⑥加强和完善非公有制经济组织和社会组织发展；⑦加强和完善信息网络管理；⑧加强和完善思想道德建设。

2.4.2.2 风险管理机制

风险管理是根据风险评估和对社会、经济、法律、政治等因素综合考虑之后采取相应的管理措施的过程和活动，目标是在遵循系统性、专业性等原则的前提下，提高对突发事件风险的预见能力和突发事件发生后的应对能力，保障公民的生命和财产安全，维护社会稳定，及时有效地防控公共风险。

根据风险的生命周期，风险管理可以分为计划准备、风险识别、风险评估（包括风险分析和风险评价）和风险处置五个环节，这五个环节构成一个循环往复的过程。在整个风险管理流程中，风险沟通以及风险监控、审查和更新工作伴随始终，由此形成一个完整的风险管理流程。

2.4.2.3 应急准备机制

应急准备是指围绕应急响应所进行的人员、物资、财力等方面的应急保障资源的准备工作，具体来说，它是指为了有效开展突发事件应对活动以及保障应急管理体系正常运行所需要的应急预案、城乡规划、应急队伍、经费、物资、设施、信息、科技等各类保障性资源的总和，是针对可能发生的突发事件，为迅速、有序地开展应急行动而预先进行的组织准备和应急保障工作。

应急准备的工作内容包括应急预案的编制、公共安全的规划、人力资源的保障、资金和物资保障以及技术装备保障五个方面，其工作流程可以分为资源的普查、分析和归类、资源需求的统计、资源的布局以及供给-需求平衡表的编制这几个阶段。

2.4.2.4 宣传教育培训机制

应急管理的宣传教育培训是指通过有计划、有组织、有系统的灵活多样的宣传教育的培训活动，由相关机构或单位在全社会普及和宣传应急知识、组织应急培训及演练、提供应急管理专业教育等，最终使得民众能够提高安全意识和学习应急技能，使得民众能够自觉采取适合本地区、本单位的有利于应对突发事件的行为，从而消除或减少危险因素，保护生命安全和健康。

应急宣传教育的目标是建立以实际需要为导向，政府主导和社会参与相结合，注重实效、充满活力的应急管理宣传教育培训工作格局，这就需要能够优化配置各种类型的应急培训资源，重点依托各类高校、中小学校、远程教育培训阵地，将各级各类应急管理人才培养纳入教育培训总体安排，进行全面、系统的宣传教育培训；需要不断健全培训激励和约束机制，不断提高宣传教育培训传质量；需要做好各类预案的宣传和解读工作；需要以应急知识普及为重点，提高公众的预防、避险、自救、互救和减灾等能力；需要以典型案例为素材，增强公众的公共安全意识，使应急常识进农村、进社区、进厂矿、进学校、进机关、进家庭；从而形成以应急管理理论为基础，以应急管理相关法律法规和应急预案为核心，以提高应急处置和安全防范能力为重点的宣传教育培训体系。

应急宣传教育培训的渠道与方法主要包括：培训演练、大众媒体、发放应急手册、建立应急科普宣教基地、宣传栏、展板、车载移动广告、组织知识竞赛、在公共场所设置应急标志和开展专题宣传活动等。

2.4.2.5 社会动员机制

社会动员是指为了有效应对可能发生或已经发生的突发事件，各级党委、政府、社会团体、企事业单位迅速启动社会动员措施，直接组织和动员或通过各类专业部门组织动员，促使受到突发事件影响的各类机构、社会群体和公众进行自救、互救或参与政府应急管理行动。

我国社会动员的主体主要包括：各级党委和政府，它们是社会动员组织体系的大脑；武装力量，主要包括中国人民解放军现役部队、中国人民武装警察部队和民兵预备役部队；企业和事业单位；群众团体、民间组织和基层自治组织；公民个人。我国社会动员的工作主要包括志愿服务、捐赠管理（包括国际捐赠）以及国防动员。

2.4.3 应急管理机制：监测与预警

监测与预警是预防与应急准备的延伸，它是有效预防和减少突发事件以及控制、减轻和消除突发事件引起的严重社会危害的重要保障。在这个阶段，监测机制、预判机制、信息报告机制、预警机制和国际合作机制都会发挥重要作用。

2.4.3.1 监测机制

广义的监测是对潜在风险、危险源、危险区域等进行实时跟踪，获取相关信息后及时报送、处理并发出预警的整个流程；狭义的监测是指以科学的方法，收集重大危险源、危险区域、关键基础设施和重要防护目标等的空间分布、运行状况以及社会安全形势等有关信息，对可能引起突发事件的各种因素进行严密的监测，搜集有关风险和突发事件的资料，及时掌握风险和突发事件变化的第一手信息，从而为科学预警和及时采取有效措施提供重要信息基础。

监测机制是以监测活动为中心构建的工作机制，它是从源头上治理突发事件可能造成的危害的一项保障工作，其根本目标在于加强对各类突发事件发生、发展及衍生规律的掌控和研究，完善监测预警网络，提高综合监测和预警水平，确保风险隐患早发现、早预判、早报告、早处置和早解决。监测机制的主要内容包括构建监测网络、完善监控系统、健全突发事件信息监测制度以及推进信息报告员队伍建设。

突发事件监测首先需要确定监测目标和对象，对重大危险源、关键基础设施、重点防护目标进行实时监测，获得这些单位、设施、目标重要基础数据，如空间信息数据、固定的基本属性等。通过对空间信息数据的采集，可以为隐患分析和风险评估提供科学的依据。物理、化学、生物、信息等学科不断发展，也为突发事件监测提供了先进科学技术手段。

2.4.3.2 预判机制

预判是指借助先进信息技术和经验教训，在及时、准确、全面捕捉突发事件征兆后，对已采集、整合的信息进行分析研究，多角度、多层次、全方位地评估本地区、本单位、本部门的公共安全形势，及时发现有可能导致突发事件发生的倾向性、苗头性问题，为预警信息发布和采取预警措施提供决策依据。

预判的目标是从思路、方法、程序等各个环节整体把握、统筹考虑，以制度规范为约束、以程序操作为重点、以科学评判为目的，建立立体化、多层次、全方位的信息收集和分析网络，运用科学的信息评估方法，提高信息评估的及时性和准确性，实现对突发事件的早发现、早预判，为科学决策提供依据。我国应急预判的主体主要是突发事件处置的决策者、相关部门和专家等。

预判的内容包括：完善信息收集制度，注重对信息的分析；加强专业预判机制建设，注重多部门、多学科的综合预判；加强预测能力机制建设，注重对次生、衍生灾害的分析；完善预判组织机制建设，注重动态与全过程预判。

2.4.3.3 信息报告机制

信息报告是应急管理的基础性工作，它是指当突发事件已经发生或者有可能发生时，政府及其各有关部门在接到下级政府及其相关部门、专业机构、社会组织或公众的报告后，依据有关的法律法规，及时、准确、客观地向上级党委、上级政府及有关部门报送事件信息，从而为突发事件的预防和处置提供信息支持和保障的工作过程。

信息报告工作的目标包括：依法建立健全信息报告和共享制度，重视社会舆情，不断拓宽信息报告渠道，规范突发事件信息报送和处置程序，做好信息汇总和预判工作；健全综合应急管理机构与专项应急管理机构的会商通报机制，加强军地、部门、区域和条块之间的信息交流与共享，做好信息汇总和预判分析工作，提高信息报告的及时性和准确性。

信息报告主要包括纵向的信息报告（自下向上）和横向的信息通报（向相关部门通报）两个维度，并且除了在突发事件来临时需要进行及时、有效和充分的信息汇报之外，信息报告工作还是一个常态化的工作，各级政府及其部门在日常应急管理工作中，需要及时和准确地收集、分析以及汇总本系统、本行业、本单位、本辖区的应急管理相关工作的进展情况、各种影响公共安全的重要信息以及国内外应对重大突发事件的做法、经验、教训等，还需要及时向上级政府及其有关部门进行报告。

我国政府信息报告的渠道一般包括会议渠道、文件渠道和网络渠道三种类型，而政府外部的信息报告渠道一般包括信访渠道、新闻媒体渠道、内参渠道和调研渠道。信息报告工作的内容主要包括社会舆情汇总与预判、纵向和横向信息通报以及信息报告激励。

2.4.3.4 预警机制

预警是指依靠有关突发事件的预测信息和风险评估结果，依据突发事件可能造成的危害程度、紧急程度和发展趋势，确定相应的预警级别，通过公共媒体、政府内部信息渠道等，及时向特定的目标人群发布警示信息，昭示风险前兆，提示需要采取相关预防措施，从而把突发事件可能造成的损失降到最低。

预警信息一般包括突发事件的类别、预警级别、起始时间、可能影响范围、警示事项、应采取的措施和发布机关等。预警的目的是使应急管理人员和公众及时了解和掌握灾害的类型、强度及演变态势，为抑制灾害的进一步发展，综合考虑突发事件的发生、发展等多方面因素，防范次生、衍生灾害的发生提供客观依据，为实现"预防为主，关口前移"的应急管理模式提供科学支撑。

突发事件预警分级是指根据有关突发事件的预测信息和风险评估结果，依据突发事件可能造成的危害程度、紧急程度和发展态势，确定相应预警级别，标示预警颜色，并向社会发布相关信息。各类突发事件都应当建立健全预警分级制度，自然灾害、事故灾难、公共卫生事件应当划分预警级别。考虑到社会安全事件比较敏感，紧急程度、发展态势和可能造成的危害程度更为复杂和不易预测等特点，社会安全事件的预警工作要从实际出发、内外有别。

2.4.3.5 国际合作机制

应急管理正在经历重大调整，其中一个显著特征就是全方位国际合作不断加强，具体来说，应急管理国际合作是指在防灾和减灾领域同外国政府和有关国际组织开展合作与交流，尤其是要加强信息管理、宣传教育、专业培训、科技研发及国际人道主义援助等方面的国际交流合作，积极借鉴国外应急管理和防灾减灾成功做法和经验，建立健全同有关国际机构和各国政府在防灾减灾领域合作机制，充分发挥中国在国际防灾减灾领域的重要作用，履行中国国际义务。应急管理国际合作遵循开放合作、资源共享以及内外有别、遵守纪律的原则。

应急管理国际合作的主体包括国际机构、各国政府和企业以及国际非政府组织，这些主体在全球范围内或者区域范围之内开展多边或者双边合作。应急管理国际合作的内容主要包括：国与国、组织与组织之间的学习交流；面对重大突发事件时的信息管理与分享；在遵循相关国际法的原则下，协同应对；积极主动地向受灾和受难国家提供各种类型的援助。

2.4.4 应急管理机制：应急处置与救援

应急处置与救援是关键阶段，其重在快速反应和有效应对，从而最大限度地保障人民生命财产安全和最大限度地减少突发事件造成的损失。在这个阶段，先期处置机制、快速评估机制、决策指挥机制、协调联动机制和信息发布机制这五大机制将共同发挥重要作用。

2.4.4.1 先期处置机制

先期处置是应急管理"战时"工作的首要环节，它是在突发事件即将发生或刚发生初期，有关地区、部门对事件性质、规模等只能做出初步判断或还不能做出准确判定的情况下，对事件进行早期应急控制或处置，并随时报告事态进展情况，最大限度地避免和控制事件恶化或升级的一系列决策与行动。

先期处置的目标是在突发事件刚发生的第一时间开展先期处置工作，按照"边处理边报告"的原则，及时有效地控制事态、防止事态的升级和扩大，并将了解的情况和所采取的措施立即向上级报告，反馈给有关部门和地区。及时、快速和有效的先期处置可以争取时间，有助于以尽可能少的应急资源投入来最有效地控制事态扩大和升级并减少损失。

先期处置任务包括：立即启动应急预案、成立现场处置指挥机构、抢救遇险人员、维护现场秩序、疏导交通、疏散群众、救治伤员、排除险情控制事态发展、上报信息等。我国奉行"属地管理"为主的应急机制，这意味着区县，尤其是基层政府或基层组织除了处置好应本级政府组织处置的突发事件外，还应依法依规、迅速高效做好需由上级政府组织处置的各类突发事件的先期处置工作。

2.4.4.2 快速评估机制

快速评估是在主要问题还不清楚，又缺乏充足时间、信息和资源的情况下，调查和预判复杂状况的一种方法，目的是为突发事件应急处置和救援阶段的非常规决策提供支持，快速评估机制就是指围绕应急处置和救援阶段快速评估需求，建立一套组织和开展快速评估的程序化、专业化的工作流程。

快速评估主体包括：组织者，通常为突发事件应急处置和救援的指挥者或指挥部；实施者，通常为相关专业人士担任，可指派有关专家牵头成立快速评估工作组，也可指定相关专业机构开展快速评估工作。

快速评估内容与应急处置和救援需求以及应急决策需求相关，包括突发事件的时间、地点、损失、性质、规模及影响，以及灾区和灾民的短期需求等。快速评估方法包括上报汇总、灾害模拟、模拟仿真、遥感、历史事件对比、实地考察、快速调查和综合分析等。

为了取得良好的评估效果，快速评估往往需要遵循一定的流程：首先，第一时间内上报相关情况，并按照事件的类别和级别，根据应急预案，启动应急响应并成立应急指挥机构，开展先期处置工作等；然后，根据应急处置和救援中的决策信息需要，组织有关部门、单位和人员开展快速评估工作；接着，向应急指挥机构反馈快速评估的结果和递交快速评估的报告；最后，应急指挥机构在综合预判各方面的快速评估报告后，进行指挥决策。

2.4.4.3 决策指挥机制

从时间先后来看，应急情况下的决策指挥包括应急决策和应急指挥两个部分。应急决策是指决策者在时间紧急、资源有限和事件不确定情况下，为了尽可能减少人员伤亡和财产损失，在对突发事件的原因、性质、时空特征、扩散态势影响后果等进行快速评估的基础上，采用科学合理、及时有效的控制模式，对应急管理过程中的各种力量、各种活动进行时间上、空间上的安排与调整的过程。应急指挥的内容主要包括启动应急响应、专业现场化指挥、资源调配与征用、专家参与咨询以及临时救助安置。

建立健全决策指挥机制的目标是对应对突发事件方案能够做出最优选择，充分发挥各级各类应急指挥机构的统一指挥和协调作用，强化各方面之间的协同配合，形成有效处置突发事件的合力，从而最大限度地减少伤亡和损失。

2.4.4.4 协调联动机制

协调联动是指不同部门间相互配合、互通有无、信息分享、功能互补、资源整合、共同行动，形成应对突发事件的合力，并减少和化解突发事件带来的危害。协调联动机制是在应急管理中有效组织多部门共同参与和配合制度化、程序化和规范化的一系列方法与措施，它终结了某一政府或单位为单一应急管理主体的思维，重塑了政府与企业、非政府组织、公众之间的合作伙伴关系。

协调联动机制建设的目标是做好纵向和横向的协同配合，推进不同区域、不同部门甚至国家、地区之间在应急管理实践工作中的合作和交流，切实形成条块结合、上下联动的组织体系和跨地区、跨部门的协调合作框架，提高合成应急和协调应急能力。协调联动机制使得每一个参与者在朝着共同目标努力的过程中可以审视自己和合作者的行动，并且通过了解和掌握各方面参与者在组织中的状态、行动等来激发参与者的自主行动和信心。

协调联动的类型包括纵向和横向之间政府部门的协调联动、不同行政区域的协调联动、政府与企业以及社会之间的协调联动、军队与地方政府的协调联动以及全社会有序参与。协调联动机制的工作方式包括国家应急管理综合协调指挥机构、专项应急管理指挥部、联席会议、临时工作领导小组以及合作契约。

2.4.4.5 信息发布机制

信息发布是履行统一领导职责或组织处置突发事件的政府及其有关部门按照有关规定向社会统一、准确、及时发布有关突发事件事态发展和应急处置工作信息的行为或过程。

建立信息发布机制的目标是及时主动、公开透明地发布信息，充分发挥主流媒体的作用，正确引导舆论和公众行为，及时消除社会上不正确信息造成的负面影响。国务院和县级以上地方各级人民政府是突发事件应对工作的行政领导机关，也是突发事件事态发展和应急处置工作信息发布的主体。信息发布主要面对公众、相关机构和人员、有关国家和国际组织。

信息发布的工作内容主要包括应急管理过程中的新闻发布和舆论引导、决策者在灾害现场进行现场沟通以及建立信息发布的专家参与机制。信息发布应当做到及时正确引导舆论，发挥主流媒体作用；主动设置相关议题，认真回应社会关切；组织专家解疑释惑，正确深度有效引导。

信息发布的内容包括有关人民政府及其部门做出的应对突发事件的决定、命令；反映突发事件信息的渠道；有关的突发事件预测信息和分析评估结果；可能受到突发事件危害的警告；避免、减轻危害的常识、建议和劝告以及咨询电话等。信息发布形式包括受权发布、散发新闻稿、组织报道、接受记者采访、举行新闻发布会等。从信息的表现形式来看，通常有日常安全警告信号、文字警示信息和声音警示信息。比如在美国华盛顿特区，应急管理人员可以利用精确的地理定位系统，采用多语言系统并辅以助听设备，通过电话将应急信息告知固定范围的居民，并对他们进行应急指导。

新闻发布是信息发布的主要途径，是由法定的行政机关依照法定程序将其在行使应急管理职能的过程中所获得或拥有的突发事件信息及时、准确、客观、全面地向媒体及公众公开介绍事件情况、政府举措和公众防护措施,并回答新闻记者的提问的活动。目前,中国政府新闻发布包括三个层次:国务院新闻办公室、国务院各部门和省级政府举行的新闻发布会。其中既有定期例行发布会,也有为配合国家有关重要方针政策出台、发生突发事件时介绍情况、应对不实舆论报道、向公众解疑释惑而举行的不定期的新闻发布会。

2.4.5 应急管理机制:恢复与重建

恢复与重建是应对突发事件过程的最后环节,旨在尽快恢复生产、生活、工作和社会秩序,妥善解决应急处置过程中引发的矛盾和问题。在这个阶段,恢复重建、救助补偿、心理抚慰、调查评估和责任追究五大机制共同发挥作用。

2.4.5.1 恢复重建机制

恢复重建是指在突发事件发生后,为保障正常的社会和经济活动,修复各类生命线工程,修复各类公共基础设施,恢复正常的生活、生产秩序而采取的相关措施以及当突发事件应急处置工作基本结束,为恢复受影响地区与群众的生活、生产,促进受影响区域经济社会可持续发展所做的规划和实施等工作。

恢复重建机制是指围绕恢复重建建立一套从过渡性安置、调查评估、规划、实施到相关监督管理的工作流程,它是应急管理的核心机制之一,目标在于使受影响区域的生命线和其他各类基础设施尽早恢复正常运行,使受影响群众的生活、生产、学习、工作条件恢复正常,重建受影响区域经济和社会发展所需的各类要素,促进受影响区域和受影响群众实现社会、经济和文化可持续发展等。

恢复重建的工作内容主要包括防止次生(衍生)事件发生、恢复社会秩序、恢复公共设施、恢复生产和经济、恢复重建的组织架构建设、评估突发事件的灾情调查和损失、恢复重建规划的制定、恢复重建工作的实施以及恢复重建相关优惠政策的制定和实施。恢复重建工作的要点在于重视恢复重建与应急处置救援之间的衔接,重视依法恢复重建和重视恢复重建规划与实施之间的配合。

2.4.5.2 救助补偿机制

救助补偿是通过各种方式对在灾难中受到生存影响的社会成员提供衣、

食、住、行、医疗等基本生活资料以维持其基本生活水平，并且利用财政资金、必要的行政手段和市场行为等工具，对灾难造成的损失进行补偿，并尽量把突发事件的影响和损害降到最低程度。

建立救助补偿的目标是在建立相应的法制保障基础上，降低突发事件对群众或其他人员的影响和损害。救助补偿应当与突发事件造成的社会危害的性质、程度和范围相适应，有多种措施可供选择，应当选择有利于最大限度地保护公民、企业事业单位和其他组织权益的措施。

救助补偿主体较为多元，而政府并不是唯一主体，还要善于发挥社会组织以及企业的作用；由于救助补偿关涉各类资源的调动和购买，因此也要充分发挥市场和金融机构的作用。

救助补偿的形式主要包括：第一，设置紧急避难场所，紧急转移安置受灾人员；第二，紧急调拨、运输灾害救助应急资金和物资，及时向受灾人员提供食品、饮用水、衣被、临时住所、医疗防疫等应急救助，保障受灾人员基本生活；第三，发放慰问金和抚恤金；第四，抚慰受灾人员，处理遇难人员善后事宜；第五，组织受灾人员开展自救互救；第六，组织灾害救助捐赠活动；第七，减免税赋和提供低利息贷款；第八，组织重建或修缮因为灾害而受到损毁的居民住房，对恢复重建确有困难的家庭予以重点帮扶；第九，向经审核确认的居民住房恢复重建补助对象发放补助资金、物资和提供其他技术支持等。

2.4.5.3 心理抚慰机制

心理抚慰，又称心理援助，是指对受突发事件影响的群众及时给予适当、适时的心理援助，以最大限度地减少突发事件对心理造成的危害，使之尽快摆脱困难或尽量减轻痛苦。

心理援助是一项专业性较强的援助行动，需要在了解灾难心理变化的客观规律的基础上，利用心理学原理和技术，对工作对象展开工作，其目标是在灾区建立心理抚慰工作的长期机制，降低受灾群众的心理创伤程度，激发内在的潜能，增进受灾群众面对灾难和挫折的能力，培养积极、乐观、向上的心理品质，帮助深刻认识生命的意义和价值，促进个体顺利发展。

突发事件发生后，涉及突发事件的人员中的一部分会受到事件带来的负面信息的影响，可能发生心理危机，这类人群包括了第一现场亲身经历灾难事件者、有亲属在灾难中遭受伤亡者以及与前两类人群有关的人，另外，参与营救与救护的人员很多时候也需要心理抚慰，主要有医生、护士、精神卫生人员、战士、警察、受灾区域的公务人员、报道灾难事件的记者等。

对于大范围的突发事件，最有效的心理援助主要通过心理援助站来实施。心理援助站的工作人员一般包括进行心理咨询和个体危机干预的专业心理咨询师、团体的心理辅导员、具备一定心理学知识和负责站点行政事务的志愿者以及可以进行精神疾病诊断并协助精神病患者转院的精神科医生。现行的心理抚慰技术主要包括心理支持和陪护技术、放松技术、心理宣泄技术、严重事件晤谈技术以及转介技术。

2.4.5.4 调查评估机制

调查评估是指为了增强应急管理能力、了解突发事件发生原因和损失情况、借鉴突发事件应急处置和救援中的经验教训以及其他目的，而按照一定的流程、依据一定的指标体系以及遵循相关法律法规，进行数据收集、信息获取及情况调查等活动，进而根据相关要求对应急能力高低、突发事件性质和责任认定、突发事件处置的经验教训以及其他需要评估的问题给出明确结论。

调查评估可以分为三种类型：

第一，应急管理能力和应急管理工作相关的调查评估，这一类调查评估主要是针对各级政府和政府各相关部门应对突发事件的能力及其常态应急管理工作的开展情况进行调查评估，目的是监督、检查、考核和推动政府及相关部门的应急管理工作的开展，促进应急能力的提高。

第二，突发事件相关的调查评估，这类评估又分为两个子类：一是针对突发事件本身的调查评估，以事件定性、责任认定、损失补偿为目的；二是针对突发事件应急处置的调查评估，目的在于改进应急处置的各个环节，包括预案设计、组织体制、程序流程、预测预警、善后措施、保障准备以及其他相关工作。

第三，其他应急管理工作相关的调查评估，这一类评估包括所有与应急管理工作相关的其他各类评估，其对象多样，如风险、危险源或突发事件所造成的社会影响和环境损害等，目的都是配合、完善、改进特定的应急管理工作。

2.4.5.5 责任追究机制

应急管理责任追究是在突发事件发生过程中或者突发事件应急处置过程中，由于工作失误或错误，未履行应有职责或未正确履行职责，而造成不良影响或后果，依据党纪、政纪、法律或者道义追究相应责任的工作。

责任追究的目的不仅是追究责任，更是为了形成对领导干部和工作人员的约束和激励，预防他们出现不应有的失误和错误，以提高应急管理能力和水平。对领导干部的责任追究遵循的程序是启动追责、开展调查、做出追责决定、接受申诉以及复议和复查，而责任追究工作需要确定追究的内容、范围和对象等要素：一方面，它们与突发事件类型、等级和特点相关，另一方面，这些要素的确定要遵循相关的法律、法规、行业标准以及规章制度等的规定。在此基础上，责任追究工作还要进一步明确责任追究情形、追究方式及适用条件等。最后，根据中国的实际情况，有必要建立与责任追究制相配套的"复出"机制，做到责任追究后被追究责任官员的复出、晋升程序的制度化、规范化、透明化。

复习思考题

① 请简述突发事件的定义和具体类型。
② 请简述突发事件的主要特征。
③ 请简述突发事件可以分成几个预警级别。
④ 请简述应急管理的定义。
⑤ 请简述应急管理生命周期的四阶段论。
⑥ 请简述我国应急管理的多元主体包括哪些。
⑦ 请简述何谓应急管理机制。
⑧ 请简述我国应急管理机制的四部分主要内容。

第 3 章

传播学概述

应急传播是应急管理各个阶段所有传播行为、传播活动、传播现象的总称,它也是传播的一种特殊类型,传播学的一般理论对它具有适用性。因而,第 3 章和第 4 章将对传播学中的重要内容和经典理论进行概要性介绍,它们也将为之后更好地理解应急传播以及应急传播的具体类型提供框架和打下基础。

何谓传播?它有什么特点?过程如何?有哪些类型?这是本章要厘清的一些最基本问题。事实上,我们经常使用"传播"一词,看如下几个例子。"传播"在每个句子中意义相同吗?我们是否尝试可以对"传播"下一个定义?

例 1:当下,中国传播正在经历着深刻变革。

例 2:我想要给你传播的意思并不是你刚才描述的那样。

例 3:中国政府正致力于将优秀的中国文化传播到世界各地。

例 4:新闻工作者的职责之一就是对党的大政方针做充分和有效的传播。

例 5:互联网上的自媒体也要能够开展高质量的和负责任的传播。

"传播"在如上例子中的含义分别是什么?能否给其下个定义?

3.1 何谓传播

3.1.1 传播概念的沿革

传播一词起源于拉丁语 communis,而在英语中,它被写作 communication。在不同的语言和文化之中,传播的含义极为多样,而人们也通常使用"传播"

一词来表达诸如"通信、会话、交流、交往"等含义,它和人类传递或者交流信息、观点、情感的活动有关。传播这一概念在不同历史时期具有不同的内涵和外延,而有关传播的界定总是具有鲜明的地域性、社会性、历史性。

一般认为,在15世纪,"传播"变成了一个现代词汇,但是,作为一个对人们进行信息交流分享这一重要社会实践具有高度抽象作用的专业术语,"传播"到底何时被使用其实并没有一个公认的确切时间节点。

20世纪初,一些学者正式地将"传播"作为一个专业术语引入了学术界,同时,在人类传播实践和传播相关学科的发展过程中,它的内涵和外延也被不断重塑,并最终形成了关于"传播"研究的两个不同传统,即传播研究的社会学传统和传播研究的符号学传统。

20世纪初,美国学者库利和皮尔士是传播学研究的社会学传统和符号学传统的两个代表性人物。1909年,美国社会学家库利在他的著作《社会组织》一书中专门设立了一个章节"传播",他给传播下了定义:传播是人与人的关系赖以成立和发展的机制,包括一切精神象征以及它在空间中得到传递,在时间上得到保存的手段,传播包括了表情、态度、动作、声调、语言、文章、印刷品、铁路、电报、电话以及人类政府空间和时间的其他任何最新成果。1911年,另一位美国学者皮尔士在《思想的法则》一书中也专门设立了一章"传播",他提到传播的唯一手段是符号,一切观点都是符号的集合。显然,库利和皮尔士这两位美国学者对"传播"的理解和界定各有侧重,这代表了有关传播研究的两个重要传统:前者是社会学传统,后者是符号学或者语义学传统。

随着人类社会在政治、经济、文化等诸多方面的发展,传播变成了越来越复杂的社会现象,因而,仅从某一个学科或者理论的视角想要去全面和透彻地理解传播并不容易,想要深入理解传播就需要对不同传统甚至是学科进行有效和充分的融合,这也是有关传播研究最终分化出更多方向的原因。

20世纪40年代,信息科学诞生,这对人们理解和界定传播产生了深刻的影响。在信息科学的视野下,人们对传播的理解更加深入,传播也不再被认为是仅局限于人类社会的特有现象,而是自然界和人类社会共有的普遍现象,它作为一种客观机制在维持物质的运动和系统的运行方面发挥着重要的作用。

什么是信息?这是从信息科学的角度理解"传播"需要厘清的一个概念。在信息科学中,"信息"是物质的普遍属性,是一种客观存在的物质运动形式,它起到了表述事物内部或者外部互动状态或者关系的作用。有学者把信息分成了人类信息和非人类信息,也有学者把信息分为物理信息、生物信息和社会信息，而传播学主要研究的是社会信息，而本书的"应急传播"关注的也是应急管理情境中以语言为主要载体的社会信息传播。

进入 21 世纪后，人类社会发展日新月异，特别是科学技术的发展极大推动了传播实践和传播科学的发展和进步，相较于以往，人类社会的传播实践变得丰富多彩，人们对传播的理解也在不断发生着变化。随着近二三十年电子通信、互联网、5G 通信、人工智能等技术的迅速普及和应用，人类传播更是进入一个"面目全非"的新时代，作为完整体系的传播在传播者和传播受众、传播内容、传播媒介、传播方法和手段、传播模式等方面都发生了翻天覆地的变化。

3.1.2 传播的定义

"传播"这一概念发源和形成于西方世界，且随着社会的发展，它的内涵和外延也在不断发生着变化。

霍夫兰、贾尼斯和凯利（1953）认为，传播是某个人传递刺激以影响另一些人的行为过程。

米德（1963）认为，传播是互动，传播是共同行动产生的基础。

威尔伯·施拉姆（1971）认为，传播是一组告知性符号采取同一意向。

希伯特（1974）认为，传播是一个过程，是一系列的活动及运行永远向着一个特定的目标在行动。

如上这些界定各有侧重，有的属于符号学传统，有的属于社会学传统❶。

传播学传入中国的时间较晚，但目前已经发展成为了一门较成熟的学科，国内学者也在借鉴西方研究和结合中国传播实践的基础上对"传播"进行了界定，同样各有侧重，有助于我们从不同的维度来更好地理解传播。

陈力丹、陈俊妮（2014）认为，传播的基本内涵是"共享"，传播是双向、互动的过程，是信息和知识在时间和空间中的流动和变化。

张国良（2015）认为，传播是传受信息的行为和过程。

邵培仁（2015）认为，传播是人类通过符号和媒介交流信息，以期发生相应变化的活动。

胡正荣、周亭（2017）认为，传播是人的一种行为和过程，它的主体是人，它的客体是信息，因此传播就是人使信息流动的过程。

郭庆光（2011）认为，传播是社会信息传递或者社会信息系统的运行，传

---

❶ 该部分西方学者对传播的界定主要参照了郭庆光 2011 年的《传播学教程》。

播是一种信息共享活动,是在一定社会关系中进行的双向社会互动行为,传播是一种过程和一种系统。

3.1.3 人类传播的历史

人类传播历史可分成五个阶段:第一阶段是从动物模式的传播到口语传播,第二阶段是从口语传播到文字传播,第三阶段是从文字传播到印刷传播,第四阶段是从印刷传播到电子传播,第五阶段是从电子传播到互联网传播。

3.1.3.1 从动物模式的传播到口语传播

人类早期具有跟动物一模一样的传播方式。出于生存需要,动物之间需要进行信息传播,且其发送和接收信息的方式多种多样。一般认为,有五种主要的动物传播方式。第一,气味:气味传播是一种化学方式的信息传播,许多昆虫和动物都能够分泌带有特定气味的荷尔蒙物质,气味经由一定的空间散播,而不同的气味也成为了不同动物的标志,许多食草和食肉动物都具有通过气味觅食、辨别朋友和敌人的能力。第二,发光:许多昆虫自身能够发光,例如,人们经常发现萤火虫会在夏夜发光,其实这是它们求偶的信号。第三,超声波:大家比较熟悉的是蝙蝠能够发出一种振动频率极高的超声波,通过超声波反馈来定位。第四,动作:大家比较熟悉的是蜜蜂会跳8字舞,大雁随季节迁徙会排成固定形状,这些都是动物通过动作传递信息的过程。第五,声音:鸟类会频繁发出具有不同音高和快慢的鸣叫声,这是鸟类不断向同类或者其他动物释放信号。

尽管人类传播的方式在早期跟动物传播的方式类似,但之后却发生了极大改变,这具有一定的偶然性,但使人类从众多生物中脱颖而出。人类的前身是一种被称作"类人猿"的动物,他们同其他动物并无区别。在同大自然的斗争中,出于生存的需要,类人猿出现了手和脚的分工,而相较于脚,手无疑更加灵活,手不仅能够制造工具以及创造各种物质财富,它还成为了重要的传播工具,类人猿通过"手舞"的方式可以互相传递信息,从而实现互相协作。于是乎,手和脚的分工使人类劳动越来越复杂,精密度越来越高,这对类人猿之间的互动协作进而提出了更高要求,也对他们之间的传播提出了更高要求,如此循环往复,类人猿的脑部和发音器官不断进化。经过漫长的进化,类人猿也开始逐渐懂得使用简单的分音节的语言,而不再局限于使用"咿咿呀呀"的单音节语言。愈加发达的脑部器官、愈加精密的发音器官、愈加丰富和具有挑战性的社会活动，这三者不断地互相作用，持续地促进类人猿各个方面的发展与进化，并还以基因的形式在繁衍过程中持续地被复制和遗传，最终，以口语为主的语言系统形成了，人类传播经历了从动物模式的传播向口语传播的巨大飞跃。

人类传播进入口语阶段是人类生理机能进化的结果，人类终于可以"开口说话"了，不断丰富的社会实践也在客观上推动着口语传播在形态和效率方面不断提升。人类学会了将声音与周围的世界关联，在认识和改造世界的过程中，人类也在逐渐提高声音与周围世界关联的复杂和抽象程度。时至今日，口语系统经历了巨大变化，但它仍然是人类最基本、最常用、最灵活的传播手段。

口语传播具有一定的局限性：第一，口语传播主要依靠人类发声，人的发声的力量越大，声音就越响亮，声音也能传得越远，但相较于一些动物，人类身体的机能受限，口语传播绝大多数情况下只能在非常有限的距离内进行；第二，口语传播使用的声音符号转瞬即逝，并且，人们使用口语传递信息，信息的存储容量和存储时间的长短跟信息传播者和信息接受者的大脑容量和记忆能力有关，这也限制了利用口语传播的信息的保存、复制、传递和分享。随着人类社会实践的复杂程度越来越高，仅依靠口语传播已不能很好地勾连社会成员，于是使用其他传播方式作为口语传播的替代和补充成为人类社会获得进一步发展的迫切需求，文字传播的手段应运而生。

3.1.3.2 从口语传播到文字传播

文字传播的出现是人类社会发展的必然结果。文字的早期形式是"绘画"，中国古代有"书画同源"的说法，它是人类在克服口语传播不足方面的尝试和努力。我国殷商时期的甲骨文不仅包括记号字、指事字、象形字、会意字，还包括兼顾词义和发声的形声字，这表明殷商时期我国文字系统已经基本形成。

随着人类文字系统的不断成熟，人类还开始了文字传播媒介的革新，这也是通过文字进行信息传播的必然要求。以我国汉字为例，早期人们通过石壁、青铜器、陶器、竹简等进行文字记录，但它们不够轻便，甚至无法携带，于是，材质更轻而成本也更加低廉的纸张开始出现，文字信息得以在越来越广的区域内传播，这极大地促进了人类社会知识和经验的交流与分享，也因而极大地推动了各个国家和地区的政治、经济、文化等诸多方面的发展。

总体而言，文字传播具有很多优势：第一，由于文字存储介质的实体性特征，文字负载的信息可以长久保存，人类社会累积的知识和经验不再单纯依靠人脑的有限记忆力来进行传递和传承；第二，相较于声音，文字具有更为明显的静态属性，人们可以来来回回地阅读文字，人们可以互相交流去探索字里行间的意义，可以说，人类凭借文字可以进行深入思考，而也正是因为人类能够依托文字进行更加广泛和深入的思考，人类社会的诸多方面才获得了更多的进步。

3.1.3.3 从文字传播到印刷传播

文字出现之后，人类经历了很长的手抄传播阶段，但抄写一部书籍或者宗教经典往往要花费很长的时间，换言之，文字信息的可复制性其实很弱，这也极大地限制了教育的普及，也进而限制了人类社会的发展，直到印刷时代来临。

中国印刷术的发明在人类传播历史上具有非常重要的意义。东汉时期，蔡伦在总结前人经验的基础上，利用破布、渔网、树皮等原料制造出了植物纤维纸，这为印刷术的发明和普及提供了物质基础。到了宋朝，毕昇发明了胶泥活字印刷术，制活字、排版和印刷的现代印刷流程得到了初步确立。到了元代和明代，活字制作的材料进一步多元化，木活字、铜、铅等材料都可以被用于制作活字模块和模板，这使得以文字为载体的信息传播更加便利。

15 世纪中叶，德国工匠古登堡发明创造了金属活字排版印刷，文字信息能够被大规模复制和生产的效率进一步获得了提升。

印刷技术使信息大规模生产得以实现，人类社会各种类型的传播活动变得更加繁荣，然而，印刷传播的效率和效果仍然受限，特别是当人类想把一地生产的信息运送到两三千公里之外时，印刷传播的不足便暴露了出来，信息传播的即时性很难得到满足。庆幸的是，人类社会各方面的需求总能够适时地被满足，阻碍社会发展的缺陷也总能很快地被克服，电子传播出现了。

3.1.3.4 从印刷传播到电子传播

20 世纪 80 年代之后，随着电子通信技术的发明和发展，摆脱了传统材质束缚的电子排版和编辑使信息传播在规模和速度上又得到了进一步的提升。

电子传播是指使用电子通信技术来传播信息，相较于印刷传播，它能够让更多的信息被传送到更远的距离之外，换言之，借助电子手段，所有的信息都可以更加快速和在更远的距离之间进行传递和分享。

1844 年，美国人塞缪尔·摩尔斯（电报机的发明者）从华盛顿向六十多公里之外的巴尔的摩发出了世界上第一封电报，电子传播几乎在几秒钟的时间内就得以完成，传播的时空距离限制被大幅度突破。更为重要的是，这种传播方式的更新带来了社会其他诸多方面的飞速发展，特别是推动了大众传播的出现和普及，公众能够更快地获得信息，能够获得更多原本无法企及的信息，人类生活发生了翻天覆地的改变。

3.1.3.5 从电子传播到互联网传播

从电子传播到互联网传播的历程并不是一蹴而就的，它主要得益于计算机技术的发展和应用普及。

1946 年，人类历史上第一台计算机"ENIAC"问世，它有 30 多吨重，三间库房那么大，它的出现成为了人类科技和文明史上的重要事件。1956 年，计算机技术获得了进一步的突破，晶体管电子计算机出现。20 世纪 60 到 70 年代，人类在计算机技术方面持续攻关，集成电路计算机和超大规模集成电路计算机相继出现。到了 90 年代，大大小小的笔记本电脑开始出现，操作系统从 MS-DOS 转变成 Windows 系统，计算机更是从实验室进入了普通人的日常生活。

随着计算机在人们日常生活中的普及，联通不同计算机的需求开始出现，互联网技术应运而生。1986 年，美国国家科学基金会建立了用于大学间互联的骨干网络 NSF-net，这是互联网历史上的重要一步。1991 年，蒂姆·李在瑞士创立了 HTML 和 HTTP 等最初的几个网页之后，开始推广他的万维网项目。1993 年，Mosaic 浏览器投入应用，人们开始使用网页进行信息传播，语言、文字、图片、音频、视频等原本难以整合的不同类型的信息得以整合，且都可转化为计算机的二进制数字语言，并能通过互联网共享，人类真正进入了数字化传播的时代。在最近的二十年中，移动互联技术得到了广泛应用，手机大量地代替电脑成为人类互联的终端。在近十年中，人工智能技术开始被应用到各种类型的传播中。那么，在可预见的二三十年内，人类传播是否会因为以人工智能、6G 等技术的飞速发展而呈现出完全不同的新面貌？让我们拭目以待。

3.2 传播的模式

模式是指某种行为的一般方式，其蕴含着一般性、简单性、结构性、重复性和稳定性等意味。本部分将介绍几种常见的传播模式，它们分别是线性模式、循环互动模式和社会系统模式。

3.2.1 线性模式

传播的线性模式的代表是拉斯韦尔的5W模式和香农-韦弗模式。

美国政治学者、传播学奠基人之一拉斯韦尔在《社会传播的结构与功能》中第一次提出了著名的传播5W模式（见图3.1），即谁（who）通过什么渠道（in what channel）对谁（to whom）说了什么（what）且取得了什么效果（with what effects）。拉斯韦尔的5W模式极为概括和抽象地呈现了一般传播的过程，根据5W模式，任何传播过程都主要由五个要素构成，分别是传播者、接受者、传播内容、传播媒介和传播效果。

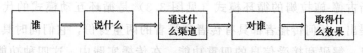

图3.1 拉斯韦尔的5W模式

美国数学家、信息论的创始人香农和韦弗两位学者在《传播的数学理论》中提出了另一个著名的线性传播模式，即香农-韦弗模式（也称数学模式）（见图3.2），而该模式原本是用于描述电子通信的过程。模式的第一个环节是信源，由信源发出信息，再由发射器将信息转化为可以传送的信号，经过传输，接收器把接收到的信号还原成信息，然后再将之传递给信宿。

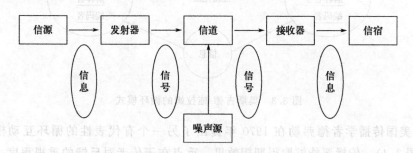

图3.2 香农-韦弗模式

不同于5W模式，该模式引入了一个重要概念"噪声"，在信号传递过程中，信号可能受到噪声的干扰，产生衰减或者失真，即：一切传播行为不是在真空中发生的，信息从信源到信宿在很多方面都会发生或多或少的变化。

拉斯韦尔的5W模式和香农-韦弗模式都是对传播过程的线性描述，并无反馈过程，但是，现实世界中的传播行为是在不断互动和循环往复之中产生、发展和变化的，因此，有学者在线性模式基础上提出了其他模式，期望对现实生活中的传播行为和现象进行更加客观和准确的描摹。然而，线性模式仍然是关于传播过程最为经典的描述和概括，也最为人们普遍接受。

3.2.2 循环互动模式

拉斯韦尔的5W模式和香农-韦弗模式都是线性模式，并没有对信息反馈给予足够重视，也忽视了社会过程对传播过程的制约。因而，从20世纪50年代开始，又出现了一批以控制论为指导思想的传播模式，它们将"双向循环"思想引入了对传播过程的描述，特别是引入了"反馈"的互动机制，期望更加客观、真实和科学地反映传播的真实状态。

奥斯古德-施拉姆的循环模式（见图3.3）是循环互动模式的代表之一，该模式提出：任何传播者都具有传者和受者的两重身份，它们同时具备编码、传递信息、解码和接受信息的四重功能，在传播实践中，这四种功能缺一不可。同时，这四种功能的运行循环往复，永不停息，形成了对传播过程的极好表征。

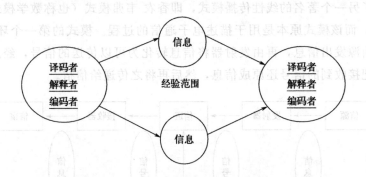

图3.3 奥斯古德-施拉姆的循环模式

美国传播学者德弗勒在1970年提出了另一个有代表性的循环互动模式（见图3.4）。传播要能够取得期望效果，重点在于传者对反馈的重视程度，只有获得反馈，传播的可靠性才能获得保证。这个模式对香农-韦弗模式中"噪声"进行了拓展，德弗勒模式认为噪声对传播过程所有环节都会产生影响，特别是随着大众传播的普及和迅速发展，大众媒介在传播过程中发挥了重要的介入作用。

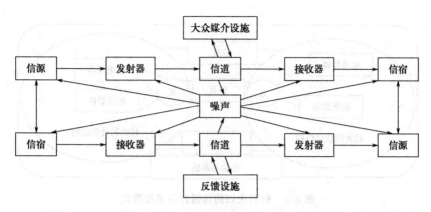

图 3.4 德弗勒的循环互动模式

3.2.3 社会系统模式

社会系统模式除了关注传播之外，还会关注传播所处的社会环境。传播行为不是发生在真空之中，而是在其内部诸多要素与传播之外诸多要素的互动中完成的，是发生在一定的社会场景中，没有脱离具体社会情境存在的传播行为和过程，因此，只有从普遍联系的观点出发对涉及传播活动所有的显性和隐性影响因素做全面分析才能更加客观、全面地认识纷繁复杂的传播行为和过程。

赖利夫妇在《大众传播与社会系统》中提出社会系统模式（见图 3.5）。该模式把传播系统的结构分为了初级群体、较大的社会结构和社会总系统三个层次：初级群体指家庭、邻里、亲密伙伴等；较大的社会结构指关系相对松散的群体，如工作单位、学校等，这种群体内部的人际关系不如基本群体亲密；社会总系统是指民族、国家乃至世界等。对于传播的三层次划分并不绝对，主要取决于待审视的传播对象的规模和层次。

此外，赖利夫妇还提出了"参照群体"的概念，它可以是一个初级群体或者较大的社会结构甚至是社会总系统，个人或群体总是会受到来自其他个人或群体的影响，并进而使自己的信念、态度、行为发生改变。"参照群体"的设定表明人类社会传播是一个嵌套和具有层级的系统，这也是人类社会在各个方面都具有嵌套和层级的具体化和形式化的表现。

社会系统模式的另一个代表由马莱茨克提出，他于 1963 年在《大众传播心理学》一书中对前人成果进行了综合，这个模式深化了对社会过程之于传播的作用以及对心理过程的认识，对每个要素和环节都进行了极为详尽的描述。具体来说，首先传播者的自我印象、人格结构、所处的人员群体、所处的社会

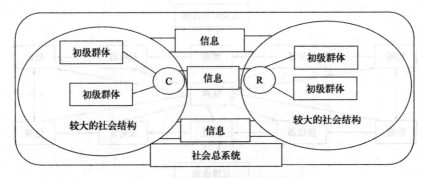

图 3.5 赖利夫妇的传播社会系统模式
C—传播者；R—接受者

群体、所处的社会组织、媒介内容的公共性所产生的约束力、受众的反馈所产生的约束力、来自信息内容本身以及媒介性质的压力或者约束力都会对传播者产生各种影响和制约；其次，接受者的自我印象、人格结构、所处的受众群体和所处的社会环境也都会对受传者产生影响；最后，影响与制约媒介与传播信息的因素包括两个方面：一则，传播者会对所传信息内容进行选择和加工，这种选择和加工是传播者受到前述诸多因素影响的结果，另一则，受传者也会基于自身的背景和偏好对媒介和传播内容做出接触和选择（见图 3.6）。

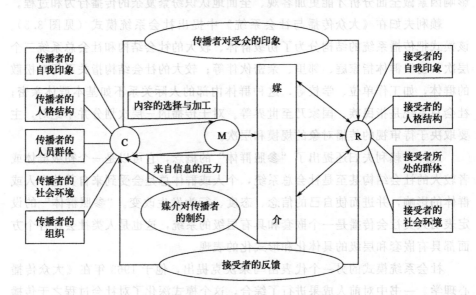

图 3.6 马莱茨克的传播社会系统模式

3.3 传播的内容

信息是传播的内容，它是符号和意义的统一体，即信息＝意义＋符号。传播的内容是传播过程中不可或缺的要素，传播者出于一定传播目的，通过一定传播渠道，借助一定传播方法，向接受者传递特定内容的信息。郭庆光（2011）对此也做了论述，人类传播是一种交流和交换信息并由此发生社会联系和互动的行为，符号是信息的外在形式和物质载体，意义则是信息的精神内容。意义是较为抽象的概念，它是人类对自然或者社会的认识和认知，是人类为对象事物所赋予的特定含义，是人类以符号形式传递和交流的精神内容，而意义的生成则是通过人类认知中的符号互动产生的，在某种意义上，符号即是意义，意义即是符号。

3.3.1 何谓信息

信息是可以存储、传递以及能被人类所感知的非实体性的情况和内容，而信息具有一些典型的特征：

第一，普遍性和客观性：信息实实在在地存在于我们身边，无时不在，无处不在，有时被感知，有时不被感知，但它是自然界和人类社会的普遍和客观存在。

第二，抽象性：信息是物质存在和运动的反映，具有物质性，但它是没有大小和质量的非实体，人们摸不到；信息的抽象属性决定其可浓缩、积累和继承。

第三，感知性：信息可以被人们感知，但人们感知信息的方式有所差别，"望文生义"依靠的是视觉，"听音识曲"依靠的是听觉，"天寒地冻"依靠的是触觉，"色香味俱全"更是综合调动了人的味觉、视觉和嗅觉。

第四，传递性：信息可以通过一定媒介在传者和受者之间转移，这是信息价值的依托，信息对人类的有用性恰恰是在人际互动过程之中产生的。

第五，储存性：信息可以借助物质载体长期累积存放，可以随时提取，例如，人们可以通过纸张、光盘、硬盘存储信息。

第六，共享性：信息一旦生成，就可为众多人所接收、占有和享用，而且这种共享不会带来信息的"物质损耗"，共享主体的数量可以是无限的。

第七，可复制性和无限性：一个苹果从一人传到另一人手中，仍然只存在这一个苹果，但一条信息从一个人传播到另外一个人，就形成了两条信息，如果大量传播就形成了大量甚至无数条信息。

3.3.2 何谓意义

意义是一个较为抽象的概念，是信息概念的构成要素。关于意义是什么以及意义如何产生，学者们并未达成共识。有学者认为意义是一种超脱于物质而存在的精神产物，也有学者指出，意义是人的社会存在和社会实践的产物。

意义本身是无形的，但却可以通过各种符号进行存储和传递，在这个意义上，意义是人类对自然事物或者社会事物的认识，是人为对象事物所赋予的含义，是人类以符号形式传递和交流的精神内容。

3.3.3 何谓符号

3.3.3.1 符号的定义和特点

符号是信息概念构成的另一个要素。具体来说，符号是信息的外在形式或物质载体，是负载或者传递信息的基元，它也是人类思维的最主要工具或者手段。符号往往表现为一系列代码或者一个完整的代码系统，例如，声音、图像、姿态、表情等在表达意义方面都自成体系。

符号具有三大特点：第一，指代性，即任何符号都只是事物（意义）的替代物，而非事物（意义）本身；第二，随意性，即符号的能指与所指之间的关系取决于解释者和情境；第三，约定性，即符号的能指和所指的关系一般来说是约定俗成的，不会轻易发生改变，特别是经过长时间积淀的语言文字系统，其意义的约定性已经相对凝固。

3.3.3.2 符号的分类

按照不同的标准，符号可分为语言符号和非语言符号；也可分为人类符号和非人类符号；还可分为图像性符号、标志性符号和象征性符号。由于语言和非语言符号的分类被普遍应用，如下对其做介绍。

第一，语言符号。语言符号包括语言与文字两种类型，即口头语言和书面语言。口头语言是最基本和最主要的符号，是其他一切符号（包括书面语言）存在的基础，但推动人类文明极大发展的却是文字符号。对于所表达的事物而言，语言（口语）是直接符号，文字（书面语言）是间接符号。

无论是语言符号还是文字符号，它们都包含相互关联的两个部分，即它们的外在形式和内在含义，语言学称呼它们为所指和能指，所指即语言的语义内容，能指是语言的外在形式。例如，人们用蛋糕表示生日祝福，此处"蛋糕"是能指，而"生日快乐"则是所指。此外，符号的所指在不同的情境之中可能会发生变化，例如，蛋糕如果用于婚宴，则并不负载生日快乐的含义。

第二，非语言符号。非语言符号是指语言之外的所有能够承载信息和传递信息的符号。在人们的传播活动中，大量的信息是经非语言符号传递的。

一般认为，非语言符号包括体语、视觉性符号和听觉性符号。体语又称身体语言，是指人的举止、表情和穿着等，它包括三类，即动态的动作、静态的姿势和有声无义的类语言（paralanguage）。首先，相较于语言，体语表达的意义不够清晰；其次，视觉性符号传递抽象的意义，主要有象征符号和实义符号两种类型，前者往往是特定文化的标志、历史传承和感情荷载，例如俄罗斯常常被人们比作动物熊，后者用形象直观的方式传递信息，例如古代的狼烟或者公路标志；最后，听觉性符号指可以作用于人的听觉器官的非语言符号，例如战鼓声、汽笛声等。

3.4 传播的特点

3.4.1 时空分布广泛

传播在时空分布上具有广泛性和普遍性的特点。传播在我们的生活之中随处可见可感，从古至今，传播一直都有，传播一直都在，它是人类社会发展的重要基础，贯穿于人类社会的各个领域以及各个群体和组织。没有传播，人类社会就会失去运行和发展的基础；没有传播，人类将迅即跌入文明的黑洞。

3.4.2 形态复杂多样

传播的形态极为复杂多样。除了我们日常生活之中能够较容易辨识的文字、口语、图像、音频、视频之外，实物传播也是传播的一种重要类型，例如，悬挂在政府礼堂内的国徽、小学生脖颈上缠绕的红领巾、饭店门口的迎宾石狮子，它们都是实物传播的范畴，而背后也都蕴藏了传播者的精心设计。

3.4.3 社会性和阶级性

传播具有社会性和阶级性的特征。传者和受者都具有思想、感情、立场和信仰，都生活在一定的社会环境之中，都隶属于特定的群体、集团或者阶级，因此传播活动总是带有一定的社会性和阶级性。在人类进入大众传播时代之后，在传播媒介由谁控制、用什么人作为传播者，以及传播的目标设定、方向、流量、形式等问题上，传播的社会和阶级特性得到更加充分的体现。

3.4.4 目的性和计划性

传播具有目的性和计划性。人类的传播活动不是受生物本能的驱使，而是在一定意识支配下，表现为一种有目的、有动机和有对象的活动，有时这种目的和计划性较为明显，但很多时候传播者可以隐藏这些目的。

3.4.5 主动性和创造性

传播具有主动性和创造性。传播不是受胁迫的，而是发生在人与人之间、群体与群体之间、组织与组织之间的一种自觉自愿、自知自发的信息交流和沟通的活动。人们调用头脑和精神之中的常识之网、知识之网、理论之网去对客观现实做各种过滤，而呈现给受者的内容经由不同传者会呈现出极为迥异的面貌。

3.4.6 协同性和互动性

传播具有协同性和互动性。传播者与受传者之间通过信息共享互相影响、互相作用、互相尊重、互相协调，共同完成沟通和传播的过程。传播是人类赖以生存的基础，很难想象，在传播真空中，任何一项工作可以被完成。另外，无论任务大小，无论工作难易，一个群体、一个组织中的任何成员都需要互相帮助、互相沟通，只有这样，任务目标才能达到，工作目的才能实现。

3.4.7 永恒性和历史性

传播具有永恒性和历史性。一方面，传播是人类的基本属性，从古至今，自人类诞生传播就一直存在；另一方面，传播以各种形式在时空上得到接续，古代圣贤的经典名著，从地底下考古发现的古代文明遗迹，深埋于地底下可以追溯到几万年几百万年前的生物化石无一不表明，传播使得人类文明得以代代相传，是人类赖以生存的重要历史条件。

3.5 传播的功能

3.5.1 国内传播功能的界定

国内学者在借鉴西方研究的基础上对传播功能进行了界定,但并未超越国外研究,其中,邵培仁(2015)做了较为系统和全面的总结和归纳:传播的功能从呈现方式来看,可分为显性功能和隐性功能;从释放的效应来看,可分为正向功能和负向功能;从应用的区位来看,可分为思想功能和交际功能;从产生的渠道来看,可分为个人功能、组织功能和社会功能。

邵培仁(2015)还对个人功能、组织功能和社会功能做了深入的阐释。第一,个人功能反映在两方面:个人的社会化功能和个人的个性化功能。第二,传播的组织功能是指在传播活动中媒介组织所具有的能力和作用,它具体包括告知功能(向人们迅速、及时地提供新近发生的新闻和信息)、表达功能(表述和交流思想、观点和情感)、解释功能(主要包括告知基础上的事实解释和表达基础上的意义解释)和指导功能(指通过告知信息、表达观点、解释缘由、公开劝服而对受众的思想和行为产生一定方向性指点和引导的作用)。第三,传播的社会功能主要包括政治功能(传播活动需要反映政治、表达政治、服务政治和参与政治)、经济功能(扩大经济变革的影响、推动经济发展)、教育功能(传播知识、创造尊知重教的社会环境和集聚知识)和文化功能(承载和传播文化、选择和创造文化、沉淀和享用文化)。总体来看,传播的个人、组织和社会功能相互联系、相互重叠、相互渗透、相互作用,形成了一个有机整体,而三类功能中任何一类功能的发挥,都有赖于其他功能的互动与支持。

3.5.2 国外传播功能的界定

传播的功能是指传播活动对人类和社会所起的作用或效能。国外学者较早对传播的功能进行了界定❶。

传播学奠基人之一拉斯韦尔在《传播的社会结构与功能》(1948)一书中归纳了传播的三种社会功能:监视社会环境、协调社会关系和传承社会遗产。

社会学家查尔斯·莱特在《大众传播:功能的探讨》(1959)一书中,在

---

❶ 该部分国外学者有关传播功能的界定主要参考了邵培仁的《传播学(第三版)》和张国良的《传播学原理(第三版)》。

如上三个社会功能的基础上补充了提供娱乐这一功能。

社会学家拉扎斯菲尔德在《大众传播的社会作用》(1948)一文中提出，大众传播具有授予地位、促进社会准则的施行和对受众神经进行麻醉三种功能，前两种能够发挥正向作用，后一种发挥负向作用。

威尔伯·施拉姆在《传播学概论》(1982)一书中，将传播的功能界定为雷达功能、控制功能、教育功能和娱乐功能。

罗宾森(1972)从语言学的角度罗列了人际传播的十三种功能：避免令人不快的行为、接受社会规范、美感、寒暄、承诺与保证、节制自我、节制他人、感叹、表达社会属性、呈现人物关系、非语言领域的参照、教育和询问。

3.6 传播的类型

按照不同标准，传播有不同分类。例如，以信息种类为标准，传播可分为两类：一类是事实传播，例如新闻就属于事实传播，新闻告诉人们事实真相，另一类是观点和意见的传播，例如舆论传播，舆论是关于某些人、某些事情的较为一致性的看法。此外，依据传受关系，传播可分为人内传播、人际传播、群体传播、组织传播、大众传播，如下也将以此为框架对不同类型的传播进行介绍。

3.6.1 人内传播

人内传播也被称作内向传播或自我传播，是个人接收信息并在人体内部进行处理的活动。我们做完一天的工作会进行总结和思考，这是一个人内传播的过程；我们不断向自己发问，不断肯定自己和否定自己，并形成结论，这就如同身体内有一个传者和一个受者在进行对话，只不过这种对话的媒介是人类大脑。在某种意义上，人内传播是其他一切传播活动的基础和发端。但是，人内传播目前主要是心理学而不是传播学的研究范畴。

3.6.2 人际传播

人际传播是指人和人之间通过一定的方法和手段进行传播。人总是处在一定的社会关系之中，人们通过社会传播而结成社会关系，这也是人类和人类社会的基本属性。人们互相传递和交换知识、意见、情感、愿望、观念等信息，并产生对彼此的认知，从而进一步形成了互相吸引、互相协作的社会关系网络,这就是人际传播的过程。

人际传播可以分为直接传播和间接传播两种形式:前者无须借助媒介工具,面对面地直接进行信息交流,交流方式包括口语、副语言、体态语言等;在现代社会的各种传播媒介工具出现后,人际传播不再受到距离限制,可以通过这些传播工具进行远距离交流,比如微信、微博等,这就是间接传播,能够极大地拓展人际传播的时空边界。

3.6.3 群体传播

群体传播是指为了达成群体目标,群体成员之间的传播行为或群体跟群体之外的个人、群体或组织的传播行为。群体是由具有共同利益、观念等且存在相互影响作用的个人所构成的社会集合体,群体生活是人类的重要属性。

相较于人际传播,群体传播在媒介、内容、方式等方面都具有群体特征的烙印,群体特征对传播产生影响。群体传播是由群体内的成员共同完成的,在这种个人与群体的互动之中,群体的意识和结构得以形成、稳固和强化。

3.6.4 组织传播

组织传播是为了达成组织目标,组织成员之间的传播或者组织跟组织之外的个人、群体或者组织进行传播。组织传播跟群体传播具有一定的相似性,只不过组织是结构和秩序更加严密的社会集合体,有更加明确的组织目标。依托组织目标,组织内部会形成层次分明的等级和分工。

组织传播可分为组织内传播和组织外传播两类,它们是组织获得生存和发展的必要条件:组织内传播指组织内的成员为了组织内部运行目标的实现进行的沟通与交流,一般可分为正式和非正式两种,上级和下级或者平级之间关于组织工作的交流沟通属于组织内传播的范畴;组织要从外部获得信息以便决策应变,或者把组织相关信息向外输出,这就是组织外传播的范畴。

3.6.5 大众传播

大众传播是专业化的媒介组织运用先进的传播技术和产业化手段,以社会上一般大众为对象而进行的大规模的信息生产和传播活动。相较于其他类型的传播,大众传播获得了学者们的更多研究关注。如下我们将对大众传播的历史做一极为简要的回顾,这有助于我们更好地理解何谓大众传播。

印刷术使大众传播得以诞生。根据施拉姆的观点,大众传播诞生于15世纪40至50年代，标志是德国工匠古登堡使用印刷机和金属活字印刷技术。真正意义上的大众传播是以20世纪30年代的大众报刊的出现为标志，代表性事件是"便士报"的出现，最有名的莫过于《纽约太阳报》和《先驱报》的发行。

1838年，美国人塞缪尔·摩尔斯发明了第一台电报机，并于1844年从华盛顿向60多公里之外的巴尔的摩发出了人类历史上的第一份电报。其后，美国开设了人类历史上第一条电报线路，相隔遥远的传播者之间开始可以通过电报的方式互通有无，各种内容的事关大众的消息终于可以跨越千山万水。

1895年，巴黎出现了第一家电影院，其迅速进化成了一种主要的大众娱乐形式，特别是在第二次世界大战结束后，电影很快发展成为包括生产、发行和放映在内的大规模产业，大众传播的内涵得到了进一步拓展。

1920年11月2日，世界上第一座领有执照的电台美国匹兹堡KDKA电台正式开播。广播也是人类历史上第一次得以进入家庭的大众媒介。随着半导体技术的发展，收音机越来越小型化、便携化，价格越来越低廉，特别是在第二次世界大战之后，广播开始成为普通大众获得信息和娱乐的最便利媒介之一，人们在哪儿都可以收听广播，信息传播的大众化趋势越来越明显。时至今日，各种更加便捷的大众媒介已经充斥在我们的日常生活中，我们也拥有无比丰富的媒介选择，但广播仍凭借其独特的魅力占有一席之地。

1925年，英国工程师贝尔德发明了电视，电视也很快进入了普通大众家庭，这几乎可以算得上是20世纪最重要的事件之一，因为从没有任何一种媒介会像电视一样拥有如此之多的受众、受到如此普遍的欢迎、产生如此广泛的影响。电视媒介通过集成影像、画面、声音、字幕等多种方式来传播各种类型和内容的信息，这能够给观众带来强烈的现场感、目击感、冲击力，于是乎，大众传播也随着电视的发明而进入了成熟的大发展阶段。

最后，随着计算机技术的成熟，作为大众传播媒介的互联网出现了，这使大众传播的面貌发生了更为深刻的改变，时至今日，互联网已成为了人类日常生活中最重要的内容之一。在我国，传统的报纸和广播媒体都会借助互联网进行大众传播，大多数传统媒体还会建设和运营网站。近二十年来，移动互联技术迅速地普及，传统媒体还会使用微博、微信公众号、抖音、快手等新兴媒介开展大众传播业务，大众传播的即时性和互动性获得了大幅提升，而以传播者为主导而受众多数听从的"传受关系"被极大地颠覆了。随着近十年人工智能技术在我们日常生活场景中的加速应用，大众传播仍将继续发展和发生改变，路径为何？结果如何？让我们拭目以待。

3.7 案例分析

请仔细阅读如下案例❶，并立足于传播学的视角，使用本章经典传播模式中的一种对该案例进行分析，并尝试回答传播者、传播受众、传播目的、传播类型、传播渠道、传播效果等。

2017年5月14日、15日，第一届"一带一路"国际合作高峰论坛在北京举行。为了更好地凝聚共识，推进合作，本次高峰论坛的主题设定为"加强国际合作，共建'一带一路'，实现共赢发展"。本次高峰论坛的召开得到了来自国内外的积极热烈响应，受国家主席习近平的邀请，29位外国元首以及政府首脑前来赴会，来自130多个国家的1500多名各界贵宾参会。此外，还有来自全球的4000余名记者注册报道此次论坛，同步地向世界传递本次高峰论坛的精彩议程和会议亮点，全球主要媒体也在第一时间跟进报道并给予了高度评价。

2017年5月14日，国家主席习近平出席"一带一路"国际合作高峰论坛开幕式，并发表题为《携手推进"一带一路"建设》的主旨演讲。习近平指出："古丝绸之路绵亘万里，延续千年，积淀了以和平合作、开放包容、互学互鉴、互利共赢为核心的丝路精神。"全球100多个国家和国际组织支持和参与"一带一路"建设，联合国大会、联合国安理会等重要决议也纳入了"一带一路"建设内容。"一带一路"建设逐渐从理念转化为行动，从愿景转变成为现实，建设成果丰硕。各国的政策沟通不断深化、设施联通不断加强、贸易畅通不断提升、资金融通不断扩大、民心相通不断促进。我们要乘势而上、顺势而为，要将"一带一路"建成和平之路、繁荣之路、开放之路、创新之路、文明之路。

在高峰论坛上，中国与沿线各国签署了一批对接合作协议和行动计划，同60多个国家和国际组织共同发出推进"一带一路"贸易畅通的合作倡议，有力地推动了"一带一路"与各国发展战略的对接，使大家朝着统一的、共同商定的目标"齐步走"，形成相向而行的战略选择，进一步凝聚合力，形成你中有我、我中有你的嵌套式发展格局，结成了更为巩固的"命运共同体"。"一带一路"国际合作高峰论坛是各方共商、共建、共享互利合作成果的国际盛会，也是加强国际合作、对接彼此发展战略的重要合作平台。本次"一带一路"国

---

❶ 本案例改编来自《国际传播案例库》(2018)，邱凌编著。

家合作高峰论坛是自 2014 年以来，我国围绕"一带一路"建设所举办的规格最高的国际活动，也是 2017 年我国最重要的主场外交活动之一，有着极为重要的价值和意义。

复习思考题

① 什么是传播？简述人类传播的历史。
② 什么是传播的线性模式和循环模式？它们之间的差别是什么？
③ 什么是作为传播内容的信息？意义和符号的关系是什么？
④ 传播具有哪些特点和功能？
⑤ 依据不同标准，传播可以分成哪些类型？
⑥ 什么是人内传播？
⑦ 什么是人际传播？
⑧ 群体传播和组织传播的区别是什么？
⑨ 什么是大众传播？现代意义上的大众传播经历了哪些主要变化？

第4章

传播学重要理论

本章将主要围绕拉斯韦尔5W模式中的五个要素展开。将主要涉及传播者、传播受众、传播媒介、传播效果、传播谋略等，它们是传播学中最重要的知识点，并同样适用于作为传播具体类型之一的应急传播。

4.1 传播者研究

4.1.1 传播者的定义和分类

传播者位于整个传播链条的起点，是所有传播活动的发起人和传播内容的发出者。传播者决定着传播活动的存在和发展，决定着传播信息内容的质量和数量、流量和流向，还决定了传播活动可能对所处环境产生的作用和影响。

按照不同的标准，传播者可以有不同的分类。

首先，按照是否直接依赖人的生理机能（包括人的口语和书写能力、应用肢体语言的能力等）进行传播，传播者可以分为直接传播者和间接传播者。在人际传播、群体传播和组织传播中，传播者以直接传播者为主，而借助印刷物、机械、电子等手段开展传播活动的传播者是间接传播者。

其次，按照是否专司传播活动，传播者可以分为普通传播者和专业传播者。前者是指所有普通人，人们几乎无时无刻不在使用语言、姿态等方式跟身边的人传递和分享各种信息，这是他们生存和发展所需。专业传播者以面向社会大众或者特定组织的传播为职业，他们往往供职于大众传播或组织传播的机构，包括记者、编辑、节目主持人、新闻发言人等。但是，随着互联网时代的到来，特别是随着抖音、快手等移动软件的广泛应用，很多拥有账号的个人传播者介于普通传播者和专业传播者之间，两者之间的界限越来越模糊。

4.1.2 传播者的特征

普通传播者同传播的受众其实并无二致，他们在传播信息的同时也在接受信息，兼具二者特性。但是，专业传播者还具有一些独有的特征。

第一，代表性。专业传播者要能够代表他们供职的组织、阶级、政党等，需要做好客观性和倾向性、大局和局部、艺术性和政治性、中心和边缘等关系的平衡，这需要他们拥有高超的思想道德水平以及卓越的专业水准。

第二，自主性。尽管受制于所处的组织或者机构，但在具体工作中，专业传播者还是可以在不违背组织原则的前提下充分发挥自主性，例如，在新闻报道和采访中，面对同一件事情，记者可以选择他们认为合适的切入角度、报道体裁、报道方式来进行信息的采集和传播，还可以在报道中加入自己的观点，而这种自主性也使得传播活动更加鲜活和高效，也有助于更多有创意、有思想的传播者和传播作品不断涌现。

第三，专业性。这是专业传播者同普通传播者的最大区别。一则，专业传播者受过各种专业训练，他们在高等院校经过系统学习，或花费时间进行过拍摄、采访、编辑等训练；二则，他们更加遵循媒介伦理和传播道德，这也是他们进行自我约束和管理的具体表现；三则，专业传播者所在行业通常会建立职业标准和相关的职业组织，对行业和行业从业者的行为进行规范和约束，对优异表现进行赞扬，例如，我国的记者协会、新闻摄影学会、中国地方报研究会等就是行业组织的典型代表。"中国新闻奖""长江韬奋奖"等是经过我国政府认定的专业传播奖项。

4.1.3 传播者的权利

传播者的权利可以分为一般性的权利和专业性的权利。

传播者的一般性权利是指所有公民都享有的信息传播的权利，包括言论自由权、出版权、著作权等，这些权利获得了宪法和民法的认可以及保障。

传播者的专业性权利是指专门从事信息传播活动的人员，尤其是大众传播相关行业的从业人员所享有的权利。在这其中，被人们提及最多的是新闻出版行业人员的权利，这些权利主要包括七个方面的内容：

第一，采访权。这是指在法律认可的范围内，记者拥有为采集新闻信息，运用各种采访技术和手段，进行调查或访问的权利。这是传播行业的基本权利之一，也是实现大众传播社会监督职能的重要前提，否则舆论监督就无从谈起。

第二，报道权。这是采访权利的延伸，它是指在采访新闻和搜集获得相关信息之后，在法律认可的范围之内，传播相关信息的活动。此外，由于一个国家的公民有权获知自己的国家、政府、社会乃至全世界的动态，以及一切有助于自身生存和发展的信息，而报道权是对该权利的保障。

第三，批评权。这是专业传播者（主要是指新闻记者）所拥有的对报道对象的言行进行议论和批评的权利，它伴生于新闻报道权利，同新闻报道权利具有同等的重要性，并且一并构成了新闻舆论监督的两个最重要方面。然而，这一权利需要恰当地使用，否则将有可能造成一定的负面影响。

第四，编辑权。这是指专业传播者对通过采访获得的信息进行取舍、修改、加工的权利，该权利的行使往往会受到传播者自身的态度、认知、主张等的影响，因此，传播者要避免因自身立场出现的歪曲或者篡改事实、断章取义的现象，而在国与国的交互报道中该种现象尤为明显。

第五，秘匿权。这也称消息来源保密权，是指记者和媒介有权利和有义务对新闻及其他信息提供者的情况实行保密，不向任何其他人提供有关被采访者的年龄、性别、姓名、职务、所属机构、家庭情况等信息，并以此保护消息提供者免受打击、迫害或者其他报复，从而保证传播者（记者）在今后工作中仍有可能继续顺利开展采访相关工作。

第六，安全保护权。新闻记者是高危职业之一，因此安全保护权是指他们的生命安全需要在本国或国外开展传播相关工作时得到保障。一线新闻工作者常活跃在矛盾尖锐的社会生活第一线，需要面对艰苦的采访和报道环境，甚至有生命危险。日内瓦公约等国际性文件都规定：各国应对媒体记者加以特殊保护，特别是随军战地记者，应当给予特殊身份，保证他们的工作能够顺利展开。

第七，著作权。这是指作者或者其他著作权人对自己创作出来的文学、艺术和科学作品享有的专有权利，简单来说，就是指传播者对自己生产的信息产品的控制权和复制权。相较于安全保护权对新闻从业者人身权利的保护，该权利是对他们的社会声望和经济权益的保护。

4.1.4 传播者的责任

传播者在享有一系列权利的同时，也需要履行承担相应的责任（或者说履行相应的义务），这主要包括四个方面的内容：

第一，承担遵守法律和自觉维护国家和人民利益的责任。作为专业传播者的个人和组织都应当将自身活动限制在法律规定的范围之内，要以维护国家和人民的利益为第一要务，不得以权谋私，不得侵犯他人隐私，不得损害国家和人民的利益。任何机构或个人，不得公开发表国家尚未公开披露的情报、资料等机密，不得传播法律明令禁止的信息。凡未曾公开发行的内部刊物、文件等不得向所限制范围以外的人传播，不得从事任何有损国家、人民利益的信息传播活动。

第二，承担契约性责任，这是指新闻传播者对自己服务的媒介机构所承担的类似于合同性质的一系列责任，包括：以勤、多、全、详为原则积极采集信息；鉴别信息宜严、紧、实，不能粗枝大叶，更要避免带入个人立场，为权利或者为资本牟利；按照真实性、新鲜性、重要性、显著性、接近性、趣味性的标准选择信息成为新闻；信息经过采集、鉴别和选择后，需要进行进一步的加工和编码，使其能够以文字、声音、图像等形态得以在不同媒介上物化存在；将合适的内容，以合适的渠道，向受众迅速地传播；传播者还应当充分了解受众对所传播信息的态度并进行相应的调整。可见，信息采集、鉴别、选择、加工、传播和搜集反馈环环相扣，互相作用，共同构成了专业传播者的契约性责任。

第三，承担社会性责任。专业传播者需要追求一定的经济效益，但前提一定是正确妥善地处理好经济效益和社会效益之间的关系，一定要坚持社会效益至上，一定要坚持承担新闻工作者必须承担的社会性责任，着力引导人民的道德情操、审美趣味等向有利于国家和社会发展的良性健康方向发展。当今，各种专业的自媒体面对经济诱惑，常会不能守住底线，为了利益，针对受众发表不当言论和做出不适引导，没有很好承担他们的社会责任。

第四，承担国际性责任。我们处在一个高度关联的时代，任何一个国家或者地区所发生的事都有可能影响或波及其他国家或地区，这就要求专业传播者在从事新闻传播相关活动时都要承担一定的国际性责任，不能以损害他国或地区的利益或以践踏公平正义为代价开展新闻传播活动。

1938年和1947年，国际联盟针对国际传播发布了一系列决议和公约：广播活动不应损害国际和睦，应促进各国人民之间的相互了解；不得针对对象国来做出失实和歪曲性的报道；不允许怂恿对象国居民采取与该国秩序相抵触的行动。同时，这些协议和公约都强烈谴责传播能够制造或强化对和平产生威胁和危害的信息，谴责某些以侵犯别国主权、干涉别国内政为目的的宣传。

1967年和1972年，联合国分别通过了关于卫星电视直播问题的公约和协议，根据这些公约和协议，卫星电视直播应当建立在尊重其他国家主权、不干涉别国内政、平等相处、合作和互利的基础上；不允许任何国家通过卫星电视或者国内电视节目进行战争宣传和种族不平等宣传；不允许任何国家播出唆使性、道德败坏、暴力的节目；电视媒体应该成为巩固和平和促进各国人民友好相处的舞台，而不应该变成国际冲突和民族纠纷的根源。

1978年和1980年联合国教科文组织颁布的《有关大众媒介为加强和平与国际共识，为促进人权以及反对种族主义、种族隔离与战争煽动而做贡献的基本原则宣言》以及《麦克布莱德报告》(也称《多种声音，一个世界》)中，除了再次强调上述国际性责任外，这两个文件还进一步提出，新闻传播界有义务对促进人权、反对种族主义、反对种族隔离、反对战争等方面做出重要贡献，并还有责任对促进自由与均衡的国际信息流通、反对国家之间的信息侵略以及为建立国际信息和交流新秩序而不懈斗争。

4.1.5 几种重要的传播制度

由于传播制度主要是针对作为传播者的媒介机构而设立的，故本章将其放在该部分进行介绍。每个国家都拥有同他们的社会制度相匹配的传播制度，传播制度是社会制度的一部分，并从各个方面影响和决定着大众传播活动的运行❶：它们界定了大众传播媒介同政府以及公众的关系，界定了大众传播媒介的自由和权力，也界定了大众传播媒介应承担的责任和义务。

4.1.5.1 报刊的四种理论

1980年，施拉姆、希伯特、彼得森在合著的《报刊的四种理论》中提出，世界各国的新闻传播制度与社会制度一脉相承，曾先后出现过多种重要的大众传播制度，其中审查主义、自由主义、社会责任这三种理论最具代表性。

首先，审查主义理论主要认为，报刊是国家的公刊，必须对当权者负责；大众媒介需统一步调，国家才能顺利地为公众的利益服务。

其次，自由主义理论主要坚持个人的重要性，主张依靠个人的理智活动能力，主张言论和出版自由，进而形成"观点的公开市场"。

最后，社会责任理论是前两者的折中，它主要认为，传媒（报刊）对社会有着种种义务，不能够辜负公众的信任；报刊要能够真实记述所发生的事情，

---

❶ 该部分主要参考了2011年武汉大学出版社出版的《传播学概论》（作者：李黎明）。

要能成为一个意见交流的论坛，要负责介绍和阐明社会的目标和美德；要使人们便于获得当天的消息；并且，作为真正的职业传播者，还应当遵循公认的道德准则和职业标准，不会为金钱而去做某些事，切实关心公众利益和国家利益。

4.1.5.2 权力的媒介

《报刊的四种理论》一书出版后，产生了巨大的影响，但该书提出的观点也带来极大的争议。在这其中，特别值得一提的是1989年美国印第安纳大学新闻学院教授阿特休尔所著的《权力的媒介》一书中的相关观点。

该书提出，"报刊的四种理论"带有鲜明的冷战思维，已经不能解释当今世界的传播媒介制度。该书提出，在任何传播制度中，传播媒介都是政治权利和经济权利的代言人，都是在体现统治阶级的利益，为媒介的所有者和经营者服务。而在这个意义上，传播媒介其实不过是一种社会控制的手段，是统治阶级用以维护现行社会制度的工具。特别是在资本主义制度之下，传播媒介不可能完全实现所谓的"自由独立"，他们一方面不断追求利润，一方面被政府和政治、经济权贵们所操纵。在此基础上，阿特休尔提出了传播制度的三种类型，即市场模式、共产主义模式和进展模式。

4.1.5.3 发展中国家的媒介规范理论

第二次世界大战之后，众多亚非拉国家摆脱了殖民统治，获得了独立的国家和民族地位，而以他们为代表的发展中国家也开始在世界舞台上发挥着越来越重要的作用，不少学者开始关注这些国家的传播制度。

英国学者麦奎尔认为，发展中国家的传播制度包含五方面内容：第一，大众传播活动必须与国家政策保持一致，并以推动国家发展为基本任务；第二，媒介的自由伴随着相应的责任，需要在经济优先和社会效益之间寻求平衡；第三，在传播内容方面，对本土文化的传播优先于国外文化，利用本民族语言传播要优先于他国语言；第四，要优先发展与本国地理、政治、文化比较接近的其他发展中国家的新闻传播合作；第五，在事关国家安全和社会稳定的事项上，政府有权利对传播媒介进行审查，必要时需进行限制和管控。

其实，没有任何一个国家施行完全单一的传播制度，他们总是在完全集权和完全自由之间找到平衡点，只不过一些国家的传播制度相对更加自由，一些国家的传播制度相对更为集权，这些都同他们的政治、经济、文化制度相匹配。

4.2 传播受众研究

4.2.1 传播受众的定义和类型

传播受众（audience）（也称传播接受者）是接收传播信息的主体，是整个传播过程的最后一个环节。传播者可以通过观察传播受众来对信息传播的效果进行分析，并据此判断他们是否实现了传播目的。传播受众既可以是作为个体的公众，如人际传播、群体传播中的信息接受者，也可以是群体，如大众传播中的报刊读者、广播听众、电视电影的观众等。

按照不同的标准，传播受众可以分为不同的类型。

第一，按照接受信息的积极性，传播受众可以分为积极选择者和被动接受者。前者会积极并主动地奔向某些信息内容，因为依据他们的经验，这些内容是他们的兴趣所在，或者广告、好友、其他人士告诉他们这些信息能够满足他们的需求。受众之中的被动接受者则是偶然接触到信息的内容，他们先前并没有怀任何期待，甚至可能是无法逃避、没有选择而不得不面对和接受信息。由于我们生活在一个信息过载的社会中，故而传播的被动接受者比比皆是。

第二，按照在传播链条中所处的位置，传播受众可以分为终极受众与中介受众。前者是指位于传播链条的结尾处，这部分受众不会再将他们收到的信息往后传播。但是，现实生活中大量存在的是中介受众，这些人介于传播者和终极受众之间，如国际会议中的翻译、政治掮客、意见领袖等，他们负责接收传播者发出的信息，稍作加工或者完全不做加工地传给下一级传播接受者。

第三，按照在传播者心中的预期，传播受众可以分为预期受众、现实受众和潜在受众。预期受众是传播者意识中或潜意识中觉得应该接收到发出信息的个体或者群体，他们是传播者进行信息生产的目标人群。例如，小说作者在进行创作时，通常会想象他们的读者是哪一批人以及可能会对他们的创作有什么意见。现实受众是指在现实状态下可以观其行、听其言并参与到传播活动中的个体或者群体，他们使传播者对传播效能和效率有了真切的感受，也有很大的可能将接收到的信息继续进行传播和扩散。潜在受众是传播者事先并未预期到会出现的受众，是传播者求而不得但有可能给他们带来喜悦感或者成就感的个体或者群体，例如，沈从文的作品在他在世时并不如他去世之后受到世人的尊重，特别是改革开放之后，越来越多的读者爱上了他的作品，他的作品《边城》还被翻拍成电影广泛传播，这些可能都是沈从文未曾预料到的。

第四，按照同传播者的关系，传播受众可以分为俯视型受众、仰视型受众和平视型受众。首先，俯视型受众在接受信息时常以居高临下的心理和面貌出现，他们往往是信息的鉴赏者、评估者等，例如，教师指导学生的作业，评委对歌唱选手的作品加以点评。其次，仰视型受众以仰慕、尊敬的心态对待传播者和信息。最后，平视型观众在我们的生活中也极为常见，他们把信息传播者作为跟自己处于平等地位的人看待，并对他们的作品常常报以欣赏或批判的态度。

4.2.2 传播受众的特征

一方面，作为受者的个体在独自接受信息时会承担不同角色，他们是消费者、译码者、参与者、反馈者，因而，他们往往具有被动和能动的双重属性。另一方面，作为群体的受众，他们由无数个体汇聚成群体，而这个群体也表现出了同作为个体的受众的不同特点：

第一，就空间维度而言，作为群体的受众的特点主要是众多性、混杂性、分散性和隐匿性，意即：受众的人数极多，分布极广，个体之间的差异性极大，这些个体互相之间也并不熟悉，相互匿名，并无任何制约关系。例如，中央电视台在我国有数以亿计的收视观众，他们分布在全国各地，互不认识，互相之间并没有因为中央电视台而发生任何关系。

第二，就受众自身而言，他们有自主性、自解性和群体性的特点。首先，受众大多能够自主选择接受何种信息，如何进行加工，是否将信息进行扩散等，他们不会轻易地被传播者控制和左右。其次，受众会在自己的认知框架下对接收到的信息进行阐释和解读，然后再进行必要的传播，因而，接收到同样信息的不同受者可能会向下一级受者发出完全不同的信息，这是自解性在发挥作用。最后，受众不是作为固定的群体而存在，但这不意味着他们没有任何群体性的特征，相反，他们总是被按照某些人口统计学特征归入一个个小群体，这也是大众传播向分众传播发展演变的现实基础。

4.2.3 传播受众的权利

在大众传播出现伊始，受众多被认为只能被动接受信息，他们的权利局限于"知情权"；随着传播技术的发展，受众能够通过媒介发声，他们开始追求跟传播者同样的"表达权"；随着媒介技术的成熟，传播受众开始追求"反论权"；在移动互联网时代，受众通过手机来接收和传递信息越发便利，他们开始追求"监督权"和"免知权"。总体而言,传播受众的权利包括七方面内容。

第一,选择权。这是受众最基本的权利,面对众多媒介和媒介传播的信息,受众有权根据自己的需要、兴趣、口味和自己所能运用的方式做出选择——喜爱或者厌恶,接受或者拒绝,而这种选择没有人可以强制或者强迫。

第二,知情权。受众有权要求大众传播媒介及时地传送作为社会成员应当获得的种种真实的重大事件或者有意义事件的信息,特别是当这些消息涉及受众的工作生活时,大众媒介没有权利扣留这些信息或者做虚假宣传。

第三,表达权。这是指受众可以反映他们所遇到的真实情况,甚至可以检举、控告媒介对受众心理与精神的伤害,并对保护受众权利的工作提出建议甚至是批评。每一个公众都能充分表达自己的所见所闻和所思所想,不仅是人的本质特征和基本权利,而且也是社会发展进步的需要和标志。

第四,反论权。这是指当受众遭受到来自大众媒介的攻击或者对自身利益、权利的侵犯时,有权要求大众媒介使用一定的版面或者时间来供受到攻击的受众自由公开地发表意见和进行反驳,以便使得人们对事情的真相有一个客观、公正的认识。换言之,大众媒介应该如实传播信息,作为受众的个人也不应当将反论权作为个人发泄私愤或者侮辱诽谤他人的工具。

第五,监督权。这是指受众对大众传播媒介的运作和传播者的传播行为有查看并且督促的权利,以免其产生各种不良后果。换言之,受众既有权利对政府的工作进行监督,同时也有权利对大众媒介的运行进行监督。

第六,隐私权。它是指受众享有个人独处,对与公众利益、公共事务无关的个人私生活进行保密,不受新闻媒介打扰和干涉,以及个人的名誉和利益不受伤害的权利。如果大众媒介出于营利的目的,报道他人的隐私,未经报道人同意而公开他们的电话号码、财产、住址等私人信息,就是侵犯了受众的隐私权。

第七,媒介近用权。现代社会,媒介垄断极为严重,很多媒介并未承担合法责任和公共义务,媒介近用权是在这个背景下提出的。媒介近用权强调普通公众应当享有使用大众媒介的权利,而不应当使大众媒介成为贵族权利或资本实现政治、经济或其他目标的工具。随着移动互联技术的普及,公众借用媒介发声变得容易,多元、分享、开放的互联网为受众实现媒介近用权提供了可能。

4.2.4 传播受众的需求和动机

想要实现预期的传播效果,传播者就需要能够持续地关注传播受众的需求和动机，而这也是两个紧密相关的概念。

4.2.4.1 传播受众的需求

"需求"是指人们在社会中生存和发展而能够被满足的要求，这些要求往往可以从某个人所利用的或者试图得到的满足物，或者从由于没有获得满足而表现出来的失望感来间接地推断出来。

学者们对人类的需求进行过不同的界定和分类（郭庆光，2011），而较为人们所熟知的有马斯洛的需求分层，他将人类需求分成了五类：生理需求、安全需求、社交需求、尊重需求以及自我实现的需求，它们以从低到高的顺序排列。美国学者舒慈以人际信息互动为标准，将人类需求分成了三类：包括的需求，即指的是个体渴望与他人建立联系和参与社交活动的需求，这包括与他人互动交往和建立联系；控制的需求，指在权限上与别人建立并维持良好关系的要求；情感的需求，即在情感上与他人建立并维持良好关系的愿望。

4.2.4.2 传播受众的动机

相较于需要，动机则更为外显，而动机也是由不同的人类需要转化而来，它是指个人从事某项活动的意图、愿望、信念等。人们一般可从强度、深度、亮度和广度四个方面对其加以分析。

受众的接受动机有不同分类。首先，根据提出者的不同可分为外加动机和内发动机：前者是指由受众以外的重要人物提出来的接受动机，接受信息的动力存在于接受活动之外，后者则是指由接受者本人自发产生的接受动机，它的作用被认为大于外加动机。受众的接受动机同时包含这两种动机，并且外加动机有助于规范受众的接受行为，加快受众的社会化进程。其次，根据动机是否明确，可分为表层动机和深层动机，前者是符合社会规范的、公众认同的、个体在明确承认后不会引来非议地接受信息的念头和意愿，而后者则是指深藏不露、秘而不宣或者连受众本人也不清楚的接受倾向和意念。

受众接收信息的动机主要有四种类型。第一种，获取信息。相互之间的信息交流是人类得以生存和发展的重要条件。只有不断地同亲戚、朋友、同事、领导以及其他人进行信息沟通，受众才能不断地了解、认识和把握外部世界，才能适应社会诸多方面的变化。第二种，娱乐消遣。人类获取娱乐消遣最主要的方式是大众媒介，特别是随着移动互联的普及，人们会使用手机来获取各种娱乐，从而获得精神上的享受和满足。第三种，获取知识。知识是信息的一种形式和内容，随着媒介技术的不断发展，公众可以较容易地接触到提供各种类型教育的平台和学习对他们的生存和发展有益的知识。第四种，满足某些特殊的心理需要。大众媒介除了提供满足普通大众的信息产品之外，也提供能够满足不同需要的信息产品，这些产品也愈发个性化和定制化。需要指出，受众的动机是多元的，多数时候，他们还受到不止一种动机的驱使而去选择和接受某类信息产品。

4.2.5 传播受众的信息选择机制

传播受众的信息选择机制包括选择性注意、选择性理解和选择性记忆。

4.2.5.1 选择性注意

"注意"是指心理活动对一定对象的"指向"和"集中"。具体来说，"指向"是指每一瞬间，心理活动有选择地朝向一定事物而离开其余事物，"集中"则是指心理活动反映事物达到一定清晰和完善的程度。指向和集中的过程是一个舍弃、选择的过程，没有舍弃和选择，就不可能有指向和集中。

在信息接收的过程中，受众会让那些与自己毫不相干的信息从自己感觉的边界上溜过，此外，受众还会主动地回避那些与自己预存立场或固有观念抵触的信息，而只会去注意那些接受定向（受众预先就有的兴趣方向或立场）、接受期待（由接受定向触发的对所接受信息的期待）、接受需要（操纵和控制着受众的接受方向和重视程度）以及接受个性（受众的个性也会决定他们对某些信息注意与否或重视与否）等与自身接受图式相吻合的对象，以保持心理平衡。

4.2.5.2 选择性理解

选择性理解是指不同的受众对注意到的同一信息有极大的可能做出完全不同的阐释，这是因为理解是一个极为复杂的过程，它受到非常多的因素的影响。具体来说，受众注意到相关信息后，会对这些信息加以选择、组织并解释，从而使它成为一幅在现实世界中富有含义的图画。

选择性理解包括三种类型。第一，创造性理解，这是指受众以积极的注意和理解的态势去主动地发现一些东西，从而充分展现信息所蕴含的丰富意义。例如，不同的读者去读《红楼梦》，可能会有不同的阐释，这就是创造性理解。第二，歪曲性理解，这是指受众明知作者本意，却一定要做出不合理的解释并传播，从而影响信息的正常理解。第三，卷入性理解，这是指受众会混淆符号世界与现实世界的区别，把二者等同，从而对其做出现实的卷入性的反应和理解。

4.2.5.3 选择性记忆

信息在突破选择性注意和选择性理解两关后，要顺利进入受众大脑并存储起来，还要经过选择性记忆这道关口，而能进入受传者大脑的是对他们有意义的、符合需要的、有利的、愿意记住的信息，具体来说，影响选择性记忆的因素有三类：第一类，主观性因素，受众有明确的兴趣点、价值立场等，而如果他们的主观因素不稳定、不清晰、不明确，甚至没有适当的主观因素可用来加工或同化信息内容，那么就可能出现盲目、含混、错误的接受态势；第二类，客体因素，这是指信息作品自身的特点和样貌，一般来说，受众面对的信息越多和越复杂，需要的记忆时间就越长，忘得也越快，因此，信息应该适度而不能过载，否则很难进入受众的记忆；第三类，载体因素，这是指媒介的运用，一般来说，多种媒介的综合运用有助于提升信息传播的效率，并增强受众的记忆效果。

4.3 传播媒介研究

4.3.1 传播媒介的定义和属性

传播媒介居于传播者和传播受众之间，是用来负载和传播信息、具有实体性质的工具。一般认为，媒介的基本属性包括实体性、负荷性、居间性。

第一，实体性。媒介不是虚无缥缈的，它是实实在在存在的，具有一定的质地、形状和重量，但不同的媒介在可感性、可触性、可见性等方面存在差异。此外，媒介的实体性不是一成不变的，媒介的样貌会因为科技推动而变化。

第二，负荷性。负荷性是指媒介能够负载信息，它是以媒介的实体性为基础而存在的。例如，作为媒介的纸张能够负载用墨汁写好的汉字，作为媒介的互联网能够传送文字、音频、视频。此外，不同媒介的负荷属性存在显著的差别，但负荷效率总体随时代不断地提升。

第三，居间性。这是指媒介处于传播者和受众之间，起到信息沟通桥梁的作用，没有媒介，传播就不能发生。此外，媒介的居间性不只发生在一个传播者和一个受众之间，它也可以横亘在一个传播者和众多未知受众之间。

4.3.2 传播媒介的区分原则

我们拥有数量众多、能满足不同类型传播需要的媒介。1984年，施拉姆在《传播学概论》中提出了区分媒介的八个原则，这有助于我们厘清媒介之间的不同。

第一，不同媒介的感官刺激有差异。报纸上的文字主要给人们的视觉带来刺激，耳机里的音乐给人们的听觉带来刺激，电影则能够给我们带来视觉和听觉的双重冲击，而传播者要善于组合，从而实现最优的传播效果。

第二，不同媒介提供给受众的反馈有差异。报纸最主要的反馈方式是热线电话和读者来信；广播的反馈方式包括写信以及热线电话；电视的反馈方式包括写信、来电，还可以包括邀请观众参加电视节目，通过征询他们的意见或者观察他们参加节目的体验，来获得反馈；互联网的反馈方式是最全面的，其中最高效的是直接通过网络向传播者告知有关传播内容的意见。

第三，不同媒介中信息传播的速度有差异。报纸和杂志的信息传播速度由出版周期、投递速度、读者的阅读选择和阅读速度等决定；广播、电视的信息通过无线电波传送，传播速度极快，此外，广播电视的播出是一种线性播出，播出时间、内容由传播者控制；网络的信息传播速度最快，也正是这种优势使得众多传统媒体都开始选择架设网络平台传送信息，"三微一端（微信、微博、微视频、新闻客户端）"更是已经成为很多传统媒体的标配。

第四，不同媒介所负载的信息符号的形式有差异。印刷媒介主要通过文字、图片传送信息；电子媒介综合使用文字、图片、声音传递信息；网络媒介则可以使用几乎所有的不同类型的符号。不同媒介在符号使用方面的差异并不意味着媒介的优劣，每种符号都可以发挥极为独特的传播作用。

第五，不同媒介的信息增值力量有差异。信息增值能力是指媒介在多大程度上可以使得传播的范围变大，并克服时间、空间、教育和文化的障碍。印刷媒介对受众的受教育水平有一定的限制，信息增值能力有限；广播、电视通过图文并茂的形式使信息易于理解；网络的互动性使受众在遇到理解困难时能够得到更多的帮助，信息增值能力因而最强。

第六，不同媒介的信息储存能力有差异。印刷媒介保存信息的能力较强，但它需要占据一定的空间，存储介质也可能随时间而发生腐蚀或遭受其他形式的毁损；电子媒介保存信息的能力较弱，但随着传统媒体逐步实现网络化之后，原本通过无线电波传送的广播、电视节目也可保存下来，随时供观看或调用；互联网信息保存能力较强，传播者会将他们生产的信息产品存储在网络空间中，而受众只需支付一定的费用就可收听或收看。

第七，不同媒介克服弃取的能力有差异。克服弃取的能力是指使得受众依赖某种媒介、一直使用并不放弃的能力。互联网克服弃取的能力较强，这是因为互联网媒介能够综合调用文字、图片、视频以及超链接的资源和手段来向受众提供信息，并在信息传送效率和效能方面有很大的优势。

第八，不同媒介满足专门需要的能力有差异。在浅层次了解时事方面，微博、微信可起到一定的作用，但当受众希望全面深入地了解某些重大事件时，他们会登录网站或通过电视获取信息。再则，中年人或老年人较为依赖书籍等纸媒来了解相关领域的知识，而年轻人则更倾向于使用电子媒介来获取知识。

类似地，我国传播学者邵培仁（2015）也提出，不同的媒介在时空偏倚、媒介威望、传播过程等方面的属性也存在较大差异。

4.3.3 主流传播媒介概述

传播媒介主要经历了书写媒介、印刷媒介、广播媒介、影视媒介、网络媒介的更迭，而它们也都具有一些非常典型的特征和优势。

4.3.3.1 报纸

报纸在向读者传递信息时所使用的符号主要包括文字、图片、色彩、线条以及版面安排。例如，针对老年读者的报纸可能会增大字体，面向儿童的报纸可能会多用色彩，编辑想要刻意突出的信息可能放在头版的最显眼位置。

报纸给人静止的感觉。读者的视线可以流动，这种流动是可以逆转的，他们可以选择回头再去细读和品味文字内容，这也意味着，报纸可以全面系统地传递信息，但这对读者的文化水准、逻辑推理能力等都提出了一定的要求。

报纸的特征包括：它是用来"读"而不是"看"的；时效性较差；保存性较强；读者有较大的选择权；适合传递具有一定深度和需要调动读者思维理解能力的信息内容。为了克服时效性差的弱点，很多报纸都开办了网络版或开发了新闻客户端，以弥补时效性方面的不足。

4.3.3.2 广播

广播是使用声音来传播信息的媒介，包括人的声音、音乐、音响效果等。同报纸类似，传播者（广播节目的制作者、广播节目的主持人等）也会出于特定的目的对不同的声音进行选择和编辑。例如，针对儿童的广播节目可能会选用比较欢快的童声，针对老年人的节目可能会选用舒缓低沉的声音。

相较于报纸，广播是流动的，听众无法回听，但广播给听众留下了较大的思维拓展空间：听众闭上眼睛，努力去回忆已经流逝的广播中传出的声音，然后凭借自己的想象，可以将自己带入完全不同的奇妙世界中。

广播的特征包括：时效性较强，无须经历报纸繁复的印刷流程；保存性和选择性比较弱；媒介符号单一；对听众的文化水准要求不高，影响范围广泛。

4.3.3.3 电视

电视可以调用极为丰富的符号语言来传播信息，包括文字、图片、声音、动态画面、色彩、构图、灯光、镜头运用、现场切换等，而它们也可以总体被分成视觉元素、听觉元素和技术元素三类。

此外，场面调度是电视重要的语法体系，包括对演员的调度（位移）和对镜头的调度（镜头的推拉摇移升降、俯拍、仰拍、平视、斜视等）。蒙太奇也是电视的重要语法体系，它是通过对镜头剪辑来实现传播者的叙事目的。

电视是"视听合一"的媒介，能够给受众带来较强的感官刺激，具有较强的形象感、现场感、过程感。另外，电视的时效性比较强，观众经常可以看到记者对某些重大事件进行现场直播。然而，电视的保存性和选择性比较弱。

4.3.3.4 互联网

互联网是当今使用最为广泛的媒介，它能有效克服前述媒介的不足，它的时效性、保存性、选择性是所有媒介中最出色的。互联网能够充分和灵活地调动文字、图片、线条、颜色、视频、动画、声音、超链接等不同资源。此外，互联网传播者都极为重视合理地组合不同资源来实现传播目的，因而，互联网的总体风格较为驳杂，包罗万象，因而能够给受众带来最具质感的互动体验。

4.3.3.5 媒介选用公式

施拉姆（1984）曾提出过一个媒介选用公式，即"媒介选用的概率＝报偿的保证/费力的程度"，该公式意在说明传播受众的媒介选择机制。具体来说，公式的项目"报偿的保证"是指媒介提供的信息在多大程度上可以满足受众需要，公式的另一个项目"费力的程度"是指受众接触媒介的便利程度。

因而，如果要实现特定的传播目的，传播者需要在两方面多做思考：第一，如何能够让信息传播的内容尽可能地满足受众的需要，并且让他们获得最大的收益；第二，尽可能减少受众选择媒介需要付出的成本，这主要包括经济上的成本、时间上的成本，另外还包括渠道是否畅通、信息是否容易被理解等。

4.3.4 主要的传播媒介理论

传播媒介对人类社会发展具有非凡的意义，在不同历史时期也形成了一些重要的媒介理论，如下将主要介绍两位重要的传播学者英尼斯和麦克卢汉以及他们的媒介理论。麦克卢汉在20世纪60年代提出的观点极为大胆和新颖，并在互联网时代引发了众多思考和焕发了勃勃生机。

4.3.4.1 英尼斯的传播偏向论

英尼斯是加拿大经济学和传播学方面的著名学者，他的职业生涯的前半段以从事经济学研究为主，代表作是《加拿大的皮货贸易》。20世纪40年代后，他的精力转向了传播学，并写出了《传播的偏向》和《帝国与传播》。在这两本著作中，英尼斯开创了"技术决定论"的先河，而就具体理论而言，传播偏向论成为了他对传播学理论体系最重要的贡献。传播偏向论的核心观点是传播媒介的特性影响了社会的政治和权力结构以及知识状况，并成为推动社会发展和文明更迭的最重要推动力。具体来说，英尼斯把传播媒介分成了两大类，偏向时间的媒介和偏向空间的媒介。

首先，偏向时间的媒介是指石头、羊皮纸、黏土等，它们有两个共同点：一则，它们非常耐久，不容易磨损，至今我们仍可看到刻在龟甲、兽甲表面上的甲骨文；二则，它们不太适合共时性的流通，这是因为石头、黏土等都较重，不易搬运，如通过它们进行信息传播，传播范围将受到极大的限制。

偏向时间的媒介有助于形成等级森严但结构稳定的社会。由于信息传播的范围不广，传递效率也不高，只有少部分人能接触信息、管理信息、掌握信息，这部分人也成为了社会中的权威人士和管理阶层。在没有更先进的传播技术出现之前，这种状态始终维持，社会也因而相对稳定。古代埃及就是这种社会结构的典型代表，其王朝存续的时间很长，剧烈的社会变革也很少发生。

其次，偏向空间的媒介是指纸张、草纸等，它们也有两个共同点：一则，偏向空间的媒介经不起侵蚀，纸张很容易破损，时间久了还会腐烂，而一旦纸张破损，它作为信息载体的媒介作用便会消失，所以偏向空间媒介的传播作用的发挥主要限于当下；二则，偏向空间的媒介较为轻便和易于携带，还可以克服空间的障碍，其负载的信息因而能够在非常广阔的空间中进行传播。

综上可见，英尼斯试图把媒介的技术和物质特性作为社会发展演进的最重要推动力。尽管偏向时间和偏向空间的媒介种类划分逻辑上并不严谨，但它无疑给了之后的传播学以及其他社会科学领域的学者很多启发，该理论至今仍然能够找到其生命力的驻所。

4.3.4.2 麦克卢汉的媒介理论

麦克卢汉在20世纪60和70年代提出的观点有三方面尤其值得回味。

第一，媒介是人的延伸。在移动互联时代，我们极为依赖手机，我们通过手机去看我们目力不能及的事物，去听我们耳力不能及的声音，手机延伸了人的眼睛、耳朵、中枢神经的触及范围。

第二，媒介即信息。一方面，麦克卢汉所说的信息并不是经由媒介传递的内容，而是一种感觉、知觉和经验。另一方面，麦克卢汉所说的媒介主要是指媒介技术，而新的媒介技术可以改变人们对世界的知觉和体验，这就是技术中所包含的信息，因此，媒介即信息。

第三，冷媒介和热媒介。冷媒介和热媒介的英语分别是"cool media"和"hot media"。为了实现人们对所传播信息的更好理解，当使用冷媒介时，人们需要高度参与传播，而当使用热媒介时，人们的参与度则无需太高。更加具体来说，冷媒介传递的信息清晰度比较低，不够充分和完善，因此需要更多人参与，而谈话、电视、电话、漫画等被认为是典型的冷媒介。相反，热媒介传递的信息清晰度比较高，相当充分和完善，不需要太多人参与，而书籍、报刊、照片、广播、电影等则被认为是典型的热媒介。

事实上，麦克卢汉对冷热媒介的区分有点背离常识，但它最大意义在于提醒人们，媒介本身就足以改变传众的知觉和体验，而人们在理解经由不同媒介传播的相同信息时，可能会得到完全不同的阐发。

4.4 传播效果研究

4.4.1 传播效果的定义和构成

效果指的是人的行为产生的有效结果，狭义上的"有效"是指行为者的行为实现其意图或目标的程度，广义上的"有效"是指这一行为引起的所有客观结果，包括对他人和周围社会实际所产生的一切影响和后果。基于此，传播效果也可从狭义和广义两个维度界定，也进而形成了传播效果研究的两个重要方面：一是对效果产生的微观过程的分析，二是对它的宏观过程的考察。

传播效果由五方面内容构成，分别是知识、智能、价值、态度、行为这五个方面的变化，他们并不截然分开，也会随着环境的变化而变化，并且，这五方面内容在传播效果中的构成占比也处于不断变化之中。

第一，知识。这里是指在传播者和受众之间形成的分享含义、共享信息、传承知识、评价知识的效果层次，其演进的顺序是收到信息、知道事实、了解性质、得到方法、形成知识、掌握知识、评价知识、推断新知。

第二，智能。智能包括智慧、智力、能力和创造力等。这里是指信息传播有助于人们正确地认识和理解事物，提高运用知识解决问题的能力，以及辨析判断、发明创造的能力，包含观察力、想象力、思考力、判断力、创造力等。

第三，价值。这既指信息对受众所具有的理智的、道德的、审美的价值，所具有的健康向上的积极作用，也指信息传播所引起的受众的价值体系的变化、世界观和人生观的转变、伦理道德的规范、精神上的享受和愉悦等。

第四，态度。传播活动能强化或改变人们对社会问题、政治观念的看法，能够引起受众在情感上的起伏（喜爱、厌恶、恐惧、愤怒、胆怯等），也能够强化人们的动机，坚定人们的意志。这些变化表现为对固有态度的增强和发展，也表现为对固有态度的改变和抛弃。

第五，行为。综合运用大众传播和人际传播的方法和手段，并通过一定的传播手段和技巧，传播者不仅可以改变传播受众的行为习惯、行为规范，还可以改变他们的公开行为，使得其向传播者所期望的方向发展。

最后，结合如上维度，我们还可以从个体、群体、组织、系统、社会等方面来对传播效果进行更加全方位的考察。

4.4.2 传播效果的特征

传播效果主要具有五个方面的特征（邵培仁，2015）。

第一，内隐性。传播效果产生于受众注意信息、理解信息、记忆信息、接受知识、确立态度、采取行动等一系列活动过程中，该过程及结果深藏于接受者内心深处，其他人看不到、听不到，只能依据经验揣测或科学方法测量。

第二，累积性。传播效果是在接受者对各种信息耳濡目染和经常接触中累加堆积起来的，在这个过程中，传播者和接受者间互动的过程是传播意义确立、延伸、替换、稳定的过程，也是传播效果滋生、累积、扩展、强化的过程。

第三，恒常性。传播效果一旦形成就不大容易发生改变，并会自行地寻找理由加以捍卫，传播受众形成的惯性会抗拒某些方面的干扰和改变。

第四，层次性。传播可产生出层次不同的效果：从效果呈现来看，有短期效果和长期效果，显性效果与隐性效果，有个人、家庭、团体、集群和社会的不同效果，有感知的、情绪的、共享的、态度的和行为的效果。

第五，两面性。传播效果兼具积极和消极、正面和负面的两面特性，只不过比例不同，主次亦有别。例如，新闻媒体充分报道流行性疾病，这既能起到提醒人们积极预防的正面效果，又可能有引发恐慌的负面效果，因而，如需评估传播的效果，评估者一定要充分认识到它的两面性。

4.4.3 传播效果的研究史

一般认为，传播效果研究经历了从魔弹论到有限效果论到适度效果论再到强大效果论的转变❶。

4.4.3.1 魔弹论（1910—1940）

魔弹论的观点是，媒介信息就像子弹，受众就像被动的靶子，他们被子弹击中之后会应声而倒，而在强大的信息冲击力之下，受众没有任何反抗能力。魔弹论被认为对传播影响受众的能力有高估，但它在20世纪早期受到学者拥护，以及受到政府和企业的资助，也产生了一批较有影响的研究成果。

1927年，拉斯韦尔在他的博士论文《世界大战中的宣传技巧》中提出，宣传在战争中可以起到巨大的作用，它是军事战线和经济战线之外的第三条战线。

20世纪20年代末30年代初，美国佩恩基金赞助了主题为"电影对儿童的影响"的系列研究，研究发现，当时电影中充斥着大量与暴力、爱情和性相关的内容，这些内容被认为对儿童造成了非常不利的影响。

1939年，美国宣传分析研究所推出了《宣传的完美艺术》等一系列研究成果，并总结了七种常见的宣传手段，包括"辱骂法""光辉泛化法""转移法""证词法""平民百姓法""洗牌作弊法""乐队花车法"。

4.4.3.2 有限效果论（1941—1960）

1940年，拉扎斯菲尔德和几位学者在美国伊利县开展了一项针对美国总统大选投票的研究，旨在观察大众媒介能否改变选民的投票意向，研究表明：大众媒介在改变选民意向上的效果并不明显；选民的社会属性决定了他们的政治倾向，而政治倾向原本比较模糊的选民更容易受到媒介的影响；大众媒介的宣传效果只能对选民的既有倾向进行强化，改变作用极小；大众媒介的宣传存

---

❶ 该部分内容主要参考2008年中国人民大学出版社出版的《大众传播理论》（作者：刘海龙）。

在两级传播现象，舆论领袖在影响选民选举意向方面的作用大于媒介本身。

1942年到1945年，卡尔·霍夫兰主持了一项美国军方研究，意在探索电影是否有助于提升士兵的士气。在第一次世界大战中，针对敌方的宣传起到了非常显著的作用，在二战期间，美国政府召集了大量的好莱坞电影制作人拍摄了《我们为何而战》系列宣传片，旨在提升士兵战斗意志和士气。霍夫兰对宣传片对新兵的传播效果开展了研究，然而，最终结论表明，宣传片有助于增加新兵对二战具体事件的认知，但在提升士气方面并没有显著效果。

1960年，克拉伯的《大众传播的效果》出版，该著作认为大众传播并不是决定人们的态度或行为的主要因素，它只是其他力量的附属，它对人们的态度和行为只能产生表层的作用而不是根本影响。事实上，在该著作出版之前，已有不少学者提出了类似观点，而该著作则进一步总结和确认了这些相似的观点。

4.4.3.3　适度效果论（1961—1972）

有限效果论动摇了传播学者对传播效果研究的信心，但在这期间也出现了一些研究，它们认为，信息传播并非不能达到预期效果，如传播者能关注受众的需要和动机，并对信息进行合理设计，传播者仍可以取得适度的效果。使用与满足理论是适度效果论的代表，他指的是一系列理论，这些理论都认为，传播受众对信息的选择是为了满足个性化的、经验化的需求。

1944年，赫佐格对肥皂剧粉丝进行了访谈，并归纳出受众使用媒介来满足自身需要的三种类型：情感释放、角色代入、社会经验学习。

1945年，贝雷尔森趁纽约报业工人罢工，对没有办法看到报纸的公众进行了访谈，并归纳了这些访谈对象日常阅读报纸的主要目的，包括：了解公共事务、辅助日常生活、片刻逃离现实、获得社会威望以及获得社会联结。

1973年，卡茨、格里维奇、哈斯从35种媒介消费需求中归纳出5类：第一，知识需求，获取更多的信息、知识和理解；第二，情感需求，强化审美、愉悦和情感体验；第三，个体层面的综合需求，提升可信度、自信心、稳定性和社会地位；第四，社会交往层面的综合需求，加强与家庭、朋友和社会的互动；第五，缓解压力的需求，逃避个体和社会角色的扮演。

20世纪60年代，罗杰斯提出了创新扩散理论，他把说服受众接受新观念、新事物、新技术或新产品的过程分为了五个阶段：认知、说服、决策、实施、确认。该理论还把创新的接纳主体分为五类：创新者、早期采纳者、早期众多跟进者、后期众多跟进者和落后者。大众媒介可对他们采取不同的说服措施。

1972年，麦库姆斯和肖提出了议程设置理论，该理论认为，大众媒介设定了公众的议程，对公众想什么施加了较大的影响。

总体来看，相较于魔弹论的乐观以及有限效果论的悲观，适度效果论寻找到了某种折中。适度效果论既不全盘肯定也不完全否定，而是对能够对传播效果产生影响的要素进行了更加全面的分析，这其实也意味着传播效果研究进入了相对更为成熟的阶段。

4.4.3.4 强大效果论（1973—1980）

1973年，德国学者伊丽莎白·诺尔·诺伊曼发表了论文《重归大众传播的强力观》，开启了传播效果研究的强大效果论时代。该理论的核心观点是：在特定的条件下，大众传播可以取得强大的效果，前提是传播内容要精心设计。

1973年，孟德尔松在《大众媒介在重要事件中的应用》一文中提及了他开展的一系列研究，主要包括哥伦比亚广播公司的"全国司机测试"、在电影院播放酒驾宣传片、针对墨西哥裔美国人播放含有教育内容的肥皂剧，这些研究都取得了成功，预期的传播效果都很好地实现了，关键在于：传播目的明确、目标受众明确、积极鼓励受众参与研究议题以及善于发现相关主题。

1979年，鲍尔·罗克奇、米尔顿·罗克奇、乔尔·格鲁贝进行了"伟大美国价值观"的测验，结果证明：在进行设计的前提之下，半个小时的节目达到了改变观众态度的效果。

1980年，伊丽莎白·诺尔·诺伊曼撰写《沉默的螺旋：舆论——我们的社会皮肤》，该书提出传播受众能识别所处社会环境以及该环境中孕育的舆论气候，如发现舆论与他们的观点相左，他们保持沉默，甚至加入多数人的行列。

4.5 传播谋略研究

传播谋略居于宏观的传播政策以及微观的传播技巧之间，它是传播政策从设想和文字变为具体行动之间的桥梁，而谋略设计是否合理将决定能否取得良好的传播效果。如果说传播政策是为了实现总目标和根本利益而制定的行动纲领，是依据环境条件和内部力量确定的奔向未来的行动方向，那么，传播谋略就是为了实现行动纲领而谋划的一系列计划和策略。1939年，美国宣传分析研究所在推出的《宣传的完美艺术》一书中总结了常用的 7 种宣传谋略，意在帮助美国公众有效地识别宣传中的各种因素。我国学者邵培仁（2015）也在借鉴国内外研究的基础上，对传播谋略进行了归纳和总结，而这些谋略总体可分为六类。

4.5.1 直接性谋略

使用该种谋略就是直接刺激受众的认知定势或者需要，不必转弯抹角。

采取这种谋略要求传播者品行端正，态度坚定，语言有力，具体来说，该谋略又包括四种技巧。首先，投其所好：在充分了解受众需要的前提下，直接满足或者刺激受众的需要。其次，既成事实：当某事刚发生，立刻先于他人做出有利于自己的解释；在对方毫无准备的前提下，抢先说出或者做出于对方不利的事情，并使得对方觉得这不容置疑。再其次，及时褒贬：对符合或者违背、有利或者不利于传播者基本观念的行为或者方案给予赞赏或者评价，较之迟缓行事，行动雷厉风行更为有效。最后，恐惧诉求：明确告诉受众，如果不按照自己（传播者）说的做，与此相关的不幸或者灾难将会临头，相反会有好运。

4.5.2 间接性谋略

使用该种类型的传播谋略是为了使重大决策更有弹性和回旋余地，它一般是通过暗示让接受者在联想中进行主观的体会、补充、完善。

具体来说，该谋略又包括四种技巧。首先，典型示范：对在执行某一重大决策过程中刚出现的好或者坏的典型大加赞扬或者严肃惩处，从而起到以点带面或敲山震虎的作用。其次，示假隐真：在做出一项决策前，先放风出去，看看各方反应如何，给决策留下缓冲调控的机会。再次，声东击西：传播者假装要朝某个方向行动，从而使得受众的注意力离开比较敏感的或者传播者想要掩藏的目标。最后，指桑骂槐：由于意在批评或者指摘的对象位高权重或者自己的理由不够充分，于是采取含沙射影的方式，从而取得某种程度上的心理优势。

4.5.3 连续性策略

这种谋略的特点是具有劝服属性的信息的传播异常迅猛，并且持续不断，从而使得受众在还没有反应过来的情况下就被铺天盖地的信息淹没了，不得不接受传播者的观点。

具体来说,该谋略包括三种技巧。首先,连环式:将多种意在传播的信息和目的串联到一起,有的侧重劝导,有的侧重恐吓,有的侧重诱导。其次,递进式:对某种观点的传播强度是逐渐升级的,最终形成巨大声势。最后,疲劳战:把人们早已经知道的方针、政策、思想、观念、方案等反反复复、一次又一次地进行传播,从而使得受众疲惫不堪,只能接受。

4.5.4 积累性谋略

这种谋略不追求一次性成功,而是根据受众现状,进行循序渐进的传播,最终使得受众潜移默化接受传播者的观点和主张。

具体来说,该谋略包括三种技巧。首先,油点扩散:传播者找准与受众的某个共同点(爱好、种族、信仰等),并以此为基础发展关系、推销观点,使得自己的思想观念像油点或者墨汁一样逐步散开,最后使受众不知不觉地完全接受。其次,香肠切片:类似油点扩散,但该谋略意在每次仅仅谋其毫厘,一点点地累积起来,最终效果将是极为可观的。最后,细雨连绵:只要传播者不紧不慢,经常地传播某种观点,经过累积一定能够取得良好的效果。

4.5.5 时机性谋略

该种谋略主要是指正确把握公布和施行某个重大决策或者方案的有利机会,而这需要传播者主动地对传播环境、传播对象、竞争性信息等多种互动因素的变化做有效辨识。

具体来说,该谋略包括四种技巧。首先,等待时机:这意味着传播者要有耐心,在自己所期望的最有利于采取行动的人、事、物或者情况没有出现之前,不采取行动,以免打草惊蛇,失去机会。其次,抓住时机:有些时机稍纵即逝,如果在权衡利弊后,发现机会来到,一定要主动出击,抓住时机,说出自己的观点。再其次,创造时机:如果不利因素突然出现,也不要放弃传播时机,而要采取合适的策略继续表达观点。最后,控制时机:这意味着要对传播过程中的各种条件加以严格控制,主要包括控制议题、控制议程、控制时间以及给予限制。

4.5.6 定位性谋略

这要求在传播中突出传播内容的特殊个性,而这种个性又是受众所需要的。

　　具体来说，该谋略包括三种技巧。首先，本体定位：它强调传播内容本身的新价值、新功能和新品质，需要传播者突出传播内容的特殊功效，突出传播内容的高品质以及突出传播内容的针对性。其次，关系定位：这要求传播者表明自己的传播内容能够贴合受众，或者不利于受众不喜欢的人物或者政策，或者刻意保持中立。最后，观念定位：信息接受者往往具有逆反心理，传播者需要审时度势地利用这种心理，可以勇于承认自己传播内容中的瑕疵，反而获得受众的同情，还可以承认自身不足，降低受众的心理预期，使得将要传播的信息接受的环境变得更加宽松。

复习思考题

① 请简述专业传播者的权利和责任。
② 请简述施拉姆提出的报刊的四种理论。
③ 请简述传播受众的权利。
④ 请简述受众有关信息的选择机制。
⑤ 请简述传播媒介的基本属性。
⑥ 请简述施拉姆提出的区分不同媒介的八个原则。
⑦ 请简述报纸和网络在传播信息方面的主要特征。
⑧ 请简述传播效果主要由哪五方面内容构成。
⑨ 请简述传播效果研究的历程。
⑩ 请简述常见的传播谋略。

第 5 章

应急科学传播

当今世界，科技发展日新月异。随着人工智能时代的到来，人类社会生活的各个方面更是会因科学技术的发展而不断地被重塑，因而，在这样一种背景下，针对公众进行科学技术知识的普及（也称科学传播或科普）就变得意义非凡，这有助于提升公众的科学知识水平以及掌握科学方法和思想。

应急科学传播是科学传播的一种具体类型，也是应急传播的一种具体类型，其也在 2021 年和 2022 年被分别纳入了《全民科学素质行动规划纲要（2021—2035 年）》《"十四五"国家应急体系规划》《"十四五"国家科学技术普及发展规划》等国家级政策文件，应急科学传播工作受到高度重视。

鉴于应急科学传播的重要意义，本章将对其相关内容进行介绍：首先，将对科学传播的定义和国内外科学传播的历史进行介绍，科学传播是应急科学传播的上位范畴，其相关理论同样适用于应急科学传播；然后，将对应急科学传播的定义、体系，应急科学传播活动策划、应急科学传播活动实施和评估等内容进行介绍；最后，对我国应急科学传播事业发展进行简介。

5.1 何谓科学传播

5.1.1 科学传播的定义

"科学传播"和"科普"是经常被混用和交替使用的两个概念，他们的内涵和外延近乎一致，在我国，"科普"一词使用得更久和更频繁，也更为公众所熟知。此外，还有一些同"科学传播""科普"名称不同但内涵几乎一致的概念，主要有"科技传播""科学普及""科学技术普及""科技传播与普及"

"科学技术普及""公众理解科学""科技公共传播""公共科技传播"等。

事实上，人们使用不同的名称（术语）来指称同一个概念可能同他们的学术习惯和学术理解方面的差异有关，可能同跨越语言的学术翻译相关，也可能是学科发展带来的概念内涵增益和外延拓展所致；另一方面，这也说明围绕概念的相关研究尚未形成完善的体系，概念所处的研究领域仍处于发展期。

由于本书旨在立足传播学的视角对应急管理相关内容进行介绍，故将主要使用"科学传播"（即"科普"）和"应急科学传播"（即"应急科普"）这两个概念，它们涵盖了如上所述的所有不同概念的内涵和外延。

5.1.1.1 国内学者的界定

我国学者对"科学传播"进行了界定，同样各有侧重。需要指出，国内学者在早期更喜欢使用"科普"这一称谓，它等同于"科学传播"。

1984 年，周孟璞等人提出，科普是"科学技术普及"的简称，它是指将科学技术知识、技能，以及科学的思想、方法、精神、世界观，通过各种手段和途径，广泛而准确地传播到社会的各个方面，使之被人民群众了解、掌握和运用，成为认识世界和改造世界、建设社会主义物质文明和精神文明的强大武器。

2002 年，袁清林在《科普学概论》一书中提出，科普是在一定背景下，以促进公众智力开发和素质提高为使命，利用专门的普及载体和灵活多样的宣传、教育、服务形式，面向社会，面向公众，适时适需地传播科学精神、科学知识、科学思想和科学方法，实现科学的广泛扩散、转移和形态转化，从而取得预想的社会、经济、教育和科学文化效果的社会化的科学传播活动。

2002 年，我国颁布实施的《中华人民共和国科学技术普及法》（简称《科普法》）提出，科普就是国家和社会采取公众易于理解、接受、参与的方式，普及科学技术知识，倡导科学方法、传播科学思想、弘扬科学精神的活动。

2003 年，杨文志在《科普是一门学问》中提出，科普是把人类在认识自然和社会实践中生产的科学技术知识、科学方法、科学思想、科学精神，通过多种有效的手段和途径向社会公众传播，为公众所理解和掌握，并不断提高公众科学文化素质的系统过程。

2004 年，国家中长期科技规划战略研究专题《创新文化与科学普及研究报告》提出，科普是以提高公民科学素质，实现个人、社会、自然的和谐发展为目的的全民终身科学教育和互动过程。包括三个层面：普及科学知识，推广技术技能；倡导科学方法，传播科学思想，弘扬科学精神；使公众理解科学技术和社会的相互作用，具备参与有关科技公共事务的能力。

2005年，周孟璞和松鹰在《科普学》一书中提出，科普是科学技术普及的简称，它是指以通俗化、大众化和公众乐于参与的方式，普及科学技术知识、倡导科学方法、传播科学思想、弘扬科学精神、树立科学道德，以提高全民族的科学文化素质和思想道德素质。

2014年，任福君、翟杰全在《科学传播概论（修订版）》一书中将科学传播界定为：科学传播是指利用适当传播方法、媒介、活动，通过科学技术知识、科学方法、科学思想、科学精神以及科学技术与社会发展信息的传播普及，促进科学技术的扩散和公众对科学技术的分享，激发个人、群体、社会组织对科学技术的意识、体验、兴趣、理解、意见的过程。

2020年，刘立在《科技传播学》中提出，科普要为了人民、依靠人民以及为人民共享，科普跟科技创新是实现创新发展的两翼，科普内容包括科学知识、科学精神、科学思想、科学方法、科技与社会的关系；科学文化、科学伦理道德、科学家精神、科学技术史、哲学社会科学等方面也是科普的重要内容。

总体而言，国内学者的界定并未超越国外研究，但在传播的目的、主体、过程、渠道、内容、方式、具体手段和方法等方面存在差异。

5.1.1.2 国外学者的界定

国外学者较早对"科学传播"进行了界定，各有侧重。英国学者贝尔纳是最早关注科学传播的学者之一，他在1967年出版的《科学的社会功能》一书中用单独的一章"scientific communication"论述了当时科技领域存在的传播与普及问题，例如：科学传播不能仅限于科学家之间，还要面向公众；科学传播活动不能仅依靠科学期刊，而应该建立更加系统的科学传播服务体系；随着人类科学的进步和发展，各种类型的科技信息增多，但科学家和公众之间的鸿沟却不断加深，科学知识变得遥不可及。针对这些问题，贝尔纳提出，要设定科学合理的科学传播工作目标；传播主体要在全社会范围内开展科学传播工作，特别要能够将科学知识普及到公众中去，要能让公众了解和理解科学的成果、方法、前景以及科学对社会进步与发展能够起到的重要推动作用。

2000年，英国科技办公室和维尔康信托基金共同发表了《科学与公众：英国科学传播及公众科学态度评价》报告，该报告对英国的科学传播活动以及公众有关科学技术的看法进行了记录，并尝试给出了关于"科学传播"的定义。报告提出，科学传播是指发生于这样一些群体或者组织之间的传播：科学共同体内的群体（包括学术界和工业界中的群体）、科学共同体和媒体、科学共同体和公众、科学共同体和政府或其他权威部门、科学共同体和政府及其他影响政策的机构、工业界和公众、媒体（包括博物馆和科学中心）和公众、政府和公众。该报告还深入分析了科学传播中遇到的各种问题，并强调：科学家群体要同普通公众进行对话，科技决策政府部门要同公众进行对话，没有公众参与的科技研究和公共政策制定是不完善和很难获得长远发展的。显然，该报告侧重对科学传播所涉及的主体范围进行界定，强调科学家同普通公众之间的互动。

有学者从传播目的维度对科学传播进行了界定，最有代表性的是澳大利亚学者博尔思、奥康纳和斯托克迈耶的"AEIOU"界定。他们在《科学传播：当代定义》一文中提出：科学传播是指使用适当的方法、媒介、活动、对话来引发个人对科学的多重反应，这些反应包括具有科学意识（awareness）、能从科学中获得愉悦感（enjoyment）、能够保有对科学的兴趣（interest）、能够就科学产生某些意见或者观点（opinion）以及对科学有一定程度的理解（understanding），而这五种反应被概括成由"AEIOU"5个字母构成的字母组合。可见，该界定侧重阐释科学传播的目标以及科学传播可能引起的个人反应和其他效果，并将科学传播与公众科学意识、公众科学素质、公众理解科学等概念联系了起来。

弗兰斯·范达姆等在2020年出版的《科学传播导论》中提出，科学传播是通过多种方式将广义上的科学过程、结果和意义与受众分享或讨论的实践，科学传播涉及与受众的互动，目的是解释科技发展或讨论涉及科技层面的事务。该界定较为简洁，涉及科学传播的主体、过程、目的等内容。

5.1.2 新中国科学传播的历史发展

科学传播、科技创新、科技应用被认为是科技领域的三大现象，它们伴随着人类社会发展的整个过程，而科学传播则被认为具有极为重要的基础性作用。

中华人民共和国成立后，我国科学传播事业得以恢复并进入了全面发展的新阶段。

第一，从新中国成立到60年代中期，新中国的科普工作得以恢复并获得了快速发展：在新中国成立前夕召开的中国人民政治协商会议上，科普工作被写进了具有临时宪法作用的《中国人民政治协商会议共同纲领》；在1950年8月召开的中华全国自然科学工作者代表会议上，中华全国自然科学专门学会联合会（简称"全国科联"）和中华全国科学技术普及协会（简称"全国科普协会"），他们以面向人民群众开展科学普及活动和提升人民群众科技文化水平为主要目标和宗旨；1954年，第一届全国人民代表大会第一次会议通过的《中华人民共和国宪法》第20条明确规定：国家发展自然科学和社会科学事业，普及科学和技术知识，奖励科学研究成果和技术发明创造，之后，27个省、自治区、直辖市成了科普协会，他们全国各地开展科普演讲，举办大小科普展览，放映电影和幻灯。1958年9月，中华全国自然科学专门学会联合会和中华全国科学技术普及协会联合召开全国代表大会，两个机构进合并，成立了中华人民共和国科学技术协会（简称"中国科协"），其成为了全国性的科学技术群众组织，宗旨是团结和动员科学技术工作者，促进科学技术的繁荣和发展，促进科学技术的普及和推广。

第二，在20世纪60年代之后，我国的科学传播事业再次获得全面恢复并进入了快速发展的时期。

1978年3月，全国科学大会在北京召开，邓小平同志在会议上提出了"科学技术是第一生产力"的观点，要求大力发展科学研究和科学教育事业。这标志着我国科学工作重新启动，给科学传播工作带来了春风，揭开了新时期科学传播工作蓬勃发展的序幕。

1978年，中国共产党十一届三中全会召开，确定了改革开放的重大决策，为我国各项事业发展注入了新活力，也极大推动了我国科技教育和科学传播事业在之后10年的迅猛发展。

1990年之后，科学传播受到党和国家的高度重视，并被提高到国家战略的高度。1994年12月，国务院发布了我国第一个科普工作的纲领性文件《关于加强科学技术普及工作的若干意见》，明确了科普工作的任务要求和具体措施。《意见》提出，科学技术的普及事关经济发展、科技进步和社会发展的全局；科普工作是国家基础建设和基础教育的重要组成部分，必须从社会主义现代化事业的兴旺和民族强盛的战略高度来重视和开展科普工作。

1996年，国务院建立了以国家科委（即现在的科技部）为组长单位的国家科普工作联席会议机制，确定由国家科普工作联席会议牵头统筹管理和组织协调全国的科学普及工作。之后，国家还出台了《关于加强科普宣传工作的通知》《关于进一步组织好科技下乡活动的通知》《2001—2005年中国青少年科学技术普及活动指导纲要》《2000—2005年科学技术普及工作纲要》等一系列重要的科普工作政策文件，各省、自治区、直辖市也制定和颁布了地方性科普条例。

进入21世纪后，我国的科普工作获得进一步发展。2002年，全国人民代表大会颁布了《中华人民共和国科学技术普及法》，这是我国政府第一次以法律的形式对科学技术普及的属性、工作内容、具体措施等加以明确，该法对政府的行政机关、社会组织、企事业单位、基层组织以及其他组织和公民在科普工作方面的权利和义务进行了说明，对各种类型的科研机构、科学院所、科技场馆、高等院校的社会责任也做出了明确规定。

2005年，国务院颁布《国家中长期科学和技术发展规划纲要（2006—2020）》，明确提出实施全民科学素质行动计划，加强国家科普能力建设，建立科普事业良性运行机制，提高全民族科学文化素质，营造有利于科技创新的社会环境。

2006年，国务院颁布《全民科学素质行动计划纲要》，该文件是我国科普政策历史上一个具有里程碑意义的重要文件，对全民科学素质建设工作做出了全面规划。该文件提出了全民科学素质提升行动计划的主要行动、基础性工程、具体保障条件与组织实施，自此，公共科学素质建设成为了国家意志和国家行为。

自21世纪之后，我国各类科学传播活动也是成绩斐然：自2001年开始，我国每年都会在5月的第三个星期举办"全国科技周活动"，开展声势浩大的科学普及工作；2003年后，政府将每年9月的第3个周末确定为"全国科普日"，并围绕当年的科学热点、科技主题开展各种形式的科学传播活动；此外，中国公众科学素养调查、农村科学传播（例如科技下乡、科普示范推广等）、城市科普创新（例如科普示范区、科学教育进社区等）、少数民族地区和西部地区科普工程、青少年科技教育活动等都取得了不俗的成绩。

5.1.3 西方科学传播的历史演变

西方科学传播从孕育到成熟并不是一蹴而就的，主要经历了四个阶段：

第一，人类社会早期到15世纪末16世纪初是科学传播的孕育期。

在这个阶段，人类科技并不发达，科学传播的内容主要涉及经验性的知识和生存性的技能，科学传播的方式也以传授示范和观察模仿为主，然而，它却也起到了助力人类生存和推动社会发展的作用，也正是随着科技知识的早期传播，人类为数不多的智慧成果得以在不同的地区共享，也正是在这样一种背景之下，人类从原始的野蛮丛林迈出，从礼教全无的荒蛮物种逐渐进化和发展成为具有相对高度文明的生物物种。

相较于逻辑学、法律、人文知识，科学在这个阶段更像是思维和认知，但这并未妨碍一些具有科学属性的知识（数学、天文等）进入专门的机构，一批经典著作也开始涌现，最为著名的是希腊数学家欧几里得的《几何原本》，该书中的科学知识广泛传播，对后世的数学以及其他学科的发展产生了重要作用。

在这个时期，在一些文明古国，还出现了一些"聪明人"（就是现代意义上的学者或知识分子），也出现了一些专供这些聪明人传播知识的机构（就是现代意义上的学校)。尽管科学在当时没有获得独立的地位,但这并不妨碍他们的传播活动,而科学思想、科学精神也是在这种环境下逐渐萌芽和缓慢成长。

第二,16—18世纪是科学传播兴起和发展的重要时期。

在经历中世纪(约5世纪到15世纪)悠长混沌岁月洗礼后,欧洲社会进入快速发展期,人们长期禁锢的思想开始解放,这些为科学发展提供了积极氛围。

进入16世纪后,天文学和医学有了重大突破。到了18世纪,数学家创立微积分,物理学家发现了电磁和燃烧现象并建立理论体系,化学家编制化学元素周期表,于是,科学技术终于开始摆脱神学"婢女"的地位,获得独立发展。

在此背景下,科学传播开始兴起,科学技术工作者开始受到社会尊重,话语权逐渐变大,对社会发展的推动作用也变得更加明显。此时,科技工作者的沟通交流逐渐增多,而服务于交流的杂志出现了:1665年,在英国和法国诞生了《学者杂志》和《哲学汇刊》,它们是世界上最早的两本科学杂志,为科学家们进行科学知识的分享和交流(即"科学传播")提供了渠道和载体。

到了18世纪中叶,第一次工业革命爆发,蒸汽机的发明和在工业领域的广泛应用使得人们越来越意识到科技的作用,而让普通公众接受科技教育和知晓科技的重要作用成为新兴资产阶级和社会上层人士的共识。此外,很多学校一改仅讲授神学、逻辑、语法、法律等的做法,开始将科技作为重要讲授内容,公众也乐意将子女送至学校,于是,社会、学校、科技发展的互动使得西方社会的科学氛围逐渐浓重,科学传播在以学校为代表的诸多场所获得长足发展。

随着科技进步以及良好的科学氛围在欧洲社会的建立,科学家们越来越主动地开展各类科学传播活动,他们出版著作,发表论文,举办讲座,科学家传播知识和公众学习知识蔚然成风。然而,在此过程中,科学家们传播的一些思想触及了教会底线,一些科学家还受到了迫害,可以说,到18世纪末,科学传播没有真正地实现彻底独立,它仍然被认为是新知识、新思想传播的一部分。

第三,19世纪到20世纪中叶是科学传播的现代形态得以建立的时期。

19世纪之后,人类进入了科学大发展时期,现代科学技术体系框架建构初步完成,科技获得大发展,对社会进步的推动作用也愈发明显,人类社会空前繁荣。在此基础上,越来越多人开始获得接受教育的机会,也因而有更多人获得机会参与科学研究,于是,在这种"社会发展—科学教育—科学研究—社会发展"的良性循环互动中,社会越来越繁荣,科学越来越发展,社会愈加繁荣,科学愈加受到认可,也正是在这种背景下,科学传播开始走进了成熟期。

首先,19—20世纪是科学大发展的时期,这为科学传播的独立发展打下了坚实的基础。进入19世纪,科学技术获得极大发展。热力学三定律、能量守恒与转化定律、化学元素周期律、化学原子论、达尔文进化论和细胞学说、电磁学、遗传学等学科建立并获得了长足发展，现代科学体系框架初步形成。同时，随着电力的普及和内燃机的使用，人类社会爆发了第二次工业革命，这也推动人类社会全面进入了电气时代。

进入20世纪，科学研究更是取得了许多革命性的突破：爱因斯坦于1905年提出了狭义相对论，紧随其后，原子结构理论、量子力学开始发展，到了20世纪50年代左右，现代科学体系的架构已然较为成熟，此时，科学知识的复杂程度呈现出了指数级别上升的态势，新技术大量地应用到人们的社会生产和生活之中，科学技术的受认可度和受关注度越来越高，这些为科学传播的独立发展奠定了非常坚实的基础。

其次，学校教育开始成为科学传播的最重要途径。随着科学技术在西方社会获得大发展，科技人才培养开始受到重视，现代科技教育体系随之建立了起来。欧美资本主义国家的教育改革和新大学运动同19世纪之后的科学技术大发展几乎同步，强调面向科技应用、面向职业需要的"实科教育"，教学内容以数学、物理、化学、生物、机械、地理、绘图、经济、法律等实用学科、实用技能为主。英国在19世纪20年代之后发生了"新大学运动"，一改牛津、剑桥等旧式大学脱离社会实际应用的不良风气，创建了一大批培养新型复合应用型人才的大学；类似地，美国的大学系统也在该时期得以建立，特别是19世纪60年代，联邦政府授权州议员可以使用免费的土地（每人121.4平方公里）建设农工和理工类型的学院，麻省理工、约翰·霍普金斯大学等一批之后在世界上具有重要影响的大学都是在这个时期建立。科技的发展和学校教育体系的建立培养了大量掌握专门技术的人才，他们在学成之后将科学技术带到了所在国家和地区社会生产的各个方面，这些都为科学传播逐渐获得独立地位奠定了基础。

最后，在科学大发展和学校科技教育逐渐繁荣的背景之下，科学传播开始获得独立的社会地位。科学技术的发展使得公众对其充满了憧憬，这成为科学传播获得发展的外在驱动力。然而，随着科学体系的不断完善，科学与公众以及职业科学家与公众之间的鸿沟越来越明显，对并未受过专业训练的公众而言，理解科学以及理解那些用专业语言构成的科学文章变得极为困难。在19世纪40年代，"popularize"一词在科学研究领域被反复使用，意指用通俗的形式表达科技和讲授科技，科学传播和普及工作越来越受到关注和重视，人们开始更多地对科学传播的内容、渠道、方法和手段等进行深入和全方位的思考，科学家之外的专职科学传播人员和社会组织也开始不断出现。

科学传播活动在19世纪到20世纪中叶获得了较大发展并取得了独立的地位，科学交流体系和科学教育体系建设完备，面向公众的科学普及受到了空前重视，广播、报纸、杂志、科技馆、天文馆等多种手段和方法被用于开展科学传播活动，但是，该阶段还是属于传统的"科学普及阶段"，这主要体现在科学传播仍是以从科学家和科学传播工作者到普通大众为主，较少双向互动。

第四，进入20世纪下半叶，科学传播开始出现了新的面貌。

有人估计，人类所有科学知识的百分之九十都是20世纪下半叶取得的。20世纪下半叶开始，在经历了之前一两百年的科学大发展后，大学科时代来临了，科学知识更新的速度前所未有，不同学科间出现交叉融合，另外，两次世界大战还意外地促进了科学向技术的转化，并推动以信息技术为核心的人类第三次科技革命的爆发，包括微电子技术、信息技术、新能源技术、激光技术、航空技术、海洋开发技术、新材料技术等一大批技术开始以集群关联的形式获得了极大的发展。此时，科学和技术之间的界限也变得模糊，科学技术化、技术科学化、科学和技术一体化成为这个时期科技发展的重要特征。

尽管科学在这个时期获得了大发展，但相较于单纯的憧憬，公众对科学的态度也发生了改变。在全世界范围内，无论是政府还是公众，对科技的关注和重视程度都达到了前所未有的高度，然而，种种消极态度也应运而生。20世纪40到50年代，随着大规模战争的爆发，科学技术迅速地向战争相关的武器和工业转化，科技对人类的负面作用开始显现。此外，环境污染问题以及之后80年代出现的基因技术、克隆技术等也带来了不安，一些技术甚至开始挑战人类社会几千年以来一直很稳定的伦理认知。

在政府和科学技术共同体看来，公众对科学技术发展的负面看法启示并不全面，一些观点甚至可以被描述为片面，这为科学传播在该时期的进一步发展提供了空间。英国皇家学会于1985年发布了著名的《公众理解科学》报告，提倡科技共同体、大众媒介、工业制造和生产部门以及各级学校共同采取措施促进公众对科学更加全面地理解。然而，公众对科技发展的忧虑和不信任并未消失，科技发展与公众之间的紧张状态也并未获得有效改善。

20世纪下半叶科学传播的另一个重要特点是新技术极大提升了科学传播效率和质量。互联网的出现，使得科学传播者和受众之间的交流变得更加频繁和便利，传播者和受众之间的互动得到了前所未有的提升，越来越多的主体参与到科学传播中，科学传播也开始转向以"公众"为中心的实践模式，这有效地促进了公众理解科学，大幅提升了他们的科学素质并进而反哺了科学技术的发展。

总体而言，进入 20 世纪下半叶之后，科学的极大发展促进了科学传播的大发展，传播者开始更多地思考传播内容、渠道、方法和手段等问题，此外，科学传播的参与主体更加多元，而促进公众理解科学、提升公众科学素质、服务公众参与科学对话、服务科技创新和社会发展成为了科学传播的新动力和新目标。

5.2 何谓应急科学传播

5.2.1 应急科学传播的定义

应急科学传播（也称"应急科普"）是科学传播（也称"科普"）的一种具体类型。借鉴和综合国内外学者们对"科学传播"的界定，我们认为：应急科学传播是指多元的应急科学传播者，运用科学合理的传播方法和手段，以多样化的媒介方式，面向政府、企业、社会组织、公众个人等多元的接受者，传递和分享应急管理相关的科学知识、科学方法、科学精神的一系列活动的总称。应急科学传播活动旨在提高接受者的应急意识和综合素质，提升接受者有关应急管理科学的好感、兴趣、理解等，从而间接推动社会总体应急治理能力的提升。

应急科学传播是一个由多种要素构成的体系（见表 5.1），构成要素主要包括应急科学传播者、应急科学传播接受者、应急科学传播媒介、应急科学传播内容等。如下将以此为框架对应急科学传播作进一步介绍。

表 5.1 应急科学传播体系

应急科学传播体系	构成	主要特征
应急科学传播者	应急管理相关专家学者、教师、政府相关部门及其工作人员、媒体、应急管理相关的社会组织（主要包括与应急管理相关的非营利组织、非政府组织等）、应急管理相关的工业机构	政府牵头，专家学者提供权威信息，全民参与，新媒介发挥重要作用
应急科学传播接受者	未成年人、农民、某些特殊行业的劳动群体，公务员是重点人群	互动性，即时反馈性
应急科学传播媒介	互联网（移动互联）为主，传统媒介也在发挥作用	专业的、媒体融合为特征的传播平台打造是媒介发展的趋势
应急科学传播内容	应急科学知识、应急科学方法、应急科学精神	及时更新，基本判断，普适性

5.2.2 应急科学传播者

应急科学传播者是应急传播活动的发起人,他们决定着所要传播内容的质量和数量、流量和流向,也决定了应急科学传播可以对接受者产生何种影响。

应急科学传播者经历了从单一主体向多元主体的转变。在过去相当长的历史时期中,科学传播主体以专家学者为主,然而,随着科学研究对专家学者的时间要求越来越高,以及随着科学知识向纵深化和专业化发展,专家学者们拿出充足的时间和将艰深的科学知识传递给受众变得越来越具有挑战性,于是,在政府的鼓励和统筹下,越来越多的个体和组织开始尝试参与到科学传播活动中。

目前,我国应急科学传播者主要包括:应急管理相关的专家学者、教师、政府相关部门及其工作人员、媒体、应急管理相关的社会组织(主要包括与应急管理相关的非营利组织、非政府组织等)、应急管理相关的工业机构等。

一般认为,应急科学传播的多元主体在传播活动中发挥的作用并不相同:

首先,政府在应急科学传播中主要发挥组织和引领的作用,他们负责出台应急科普相关的政策与法规,负责在整个社会统筹、鼓励和监督应急科学传播活动的开展,从而推动应急科学传播产业的健康有序发展;他们还可提供开展应急科学传播活动需要的各种资源,主要包括人力资源、财力资源和信息资源。

其次,社会组织是重要的应急科学传播主体,他们由公民自愿和自发组成,主要从事社会公益事业和非营利事业,诸如应急科普场馆、应急救援志愿者组织等就属于该范畴。我国政府深化"简政放权、放管结合、优化服务"改革,许多原本由政府承担的社会职能向社会组织转移,在这个过程中,应急科学传播相关的社会组织有效地承接了原本由政府承担的社会职能,主要包括:建立应急科普宣传智库,采取有效措施盘活更多社会资源进入应急科学传播,推动包括应急科学传播场馆建设在内的基础设施建设以及开展服务等。

最后,随着互联网的普及,不同类型的媒体在应急科学传播中发挥了越来越重要的作用。在互联网普及之前,传统媒体起到了最重要的作用:人们通过收看电视、收听广播、阅读报纸和杂志等获取相关知识,传统媒体还能传递突发事件动态、传播应急思想与方法、引导社会舆论等。然而,随着互联网的普及,在微博、抖音、微信等社交媒体上出现了一些由个人或团队运营的账号,他们借助互联网的优势,已经很快地取代传统媒体成为应急科学传播者的主力军。

5.2.3 应急科学传播接受者

应急科学传播接受者（也称"应急传播受众"）主要是指那些对应急相关知识缺乏足够了解的公众，他们处在整个应急科学传播链条的末端，却可以显示应急科学传播的效果，从而为应急科学传播者调整传播内容、传播媒介、传播方法和手段等提供必要的参考，而如果不去考察应急科学传播接受者的反应和评价，传播者很难知道传播活动开展得是否有效。

当代传播的最重要特点之一是接受者可以极为便利地参与到传播活动中，并能够及时和充分地给予传播者反馈，他们不再是只能被动接受的群体，而可以充分表达自己的观点，可以自由地同应急科学传播者进行意见交换，这有助于在最大程度上保证应急科学传播的针对性和有效性。

尽管所有公众都是潜在的应急科学传播接受者，但在开展传播活动时，传播者仍然会针对某些特殊群体来设计传播内容和方案，而一般来说，未成年人、农民、城镇劳动人口（特别是某些特殊行业的劳动群体）、公务员是重点人群。

5.2.4 应急科学传播媒介

应急科学传播媒介是传播者和接受者双方沟通和分享信息的渠道。人类社会的传播媒介经历了从口语到文字到印刷到电子再到网络的转变，而在应急科学传播中，这些不同类型的媒介仍很常见，并发挥着不同的作用。

根据 2024 年中国科协发布的第十三次公众科学素质调查结果[1]，我国公众目前首选的科学传播媒介仍然是互联网，紧随其后的是电视，这两者几乎占到了总体的 85.1%（互联网 58.3%，电视 26.8%），可见，综合了图画、视频的该两种媒介传播方式更容易得到受众的欢迎。在它们之后依次分别是报纸、图书、广播、与人面对面交流以及期刊，可见，传统媒体已慢慢失去了往日的光辉。

在互联网已成为当今科学传播最重要媒介的背景下，应急科学传播者需要积极打造"应急科学传播全媒体传播体系"，而该项工作可从两方面开展。

第一，着力建构专业和具有广泛影响力的应急科学传播平台。应急科学传播平台负责传递应急管理相关知识，主要涉及如何应对和处理各类突发事件。

---

[1] 新华网：数说第十三次中国公民科学素质抽样调查结果：http://www.xinhuanet.com/science/20240416/ebe2fb4890394c31877f5449372ba960/c.html

目前，应急管理部官方网页上有"应急科普专栏"，然而，在全国范围内，具有较大影响力的、能够专门提供丰富内容的应急科普平台仍然极为稀缺。

第二，充分利用现代媒介技术组合助力应急科学传播建设。一方面，媒介的选用要能够较好地适应和匹配突发事件的紧迫性和突发性。诸如微信、微博、抖音等新兴媒介拥有良好传播的时空偏倚性，能够迅速发送图文以及视频，能获得即时反馈，且易于保存。另一方面，媒介选用要能够跟受众的属性匹配。媒介技术的先进性并不意味着传播效果一定能够得到保证，例如，老年人在面对新兴媒介时会无所适从，"信息鸿沟"难以跨越，而当他们面对报纸、广播、电视等传统媒介时，获取信息的效率却更高。换言之，"融媒体"平台的打造要从"融（媒介组合）"和"专（受众属性）"两个方面做好工作。

5.2.5 应急科学传播内容

应急科学传播内容包括应急管理相关的应急科学知识、方法、精神。

首先，应急科学知识。应急管理是一级学科公共管理之下的二级学科，应急科学知识主要包括应急管理理论、观点、概念、事实等，是一个庞大的体系。同时，在纷繁复杂的国际和国内形势变化中，每天还会有大量的新事实、新观点、新概念和新理论更新，这些都会形成应急科学知识的每日实时更新。

其次，应急科学方法。应急科学方法是服务于应急管理研究的工具，是帮助应急管理研究者发现应急科学知识的基本手段，包括方法论、研究方式和具体研究方法三个层面。应急管理是典型的交叉学科，可以从社会科学和自然科学中汲取双重养分，而面向公众的科学方法的普及主要涉及让公众对这些方法有一定的认识和了解，从而有助于他们理解应急管理的观点和现实。

最后，应急科学精神。应急科学精神是关于从事应急管理研究和实践的科学精神，它同任何领域的科学精神都是一致的，且一般认为，科学精神不仅适用于指导和约束科学实践，也是每个社会成员应当遵守的。关于什么是科学精神，有学者提出，科学精神包括执着敬业的献身精神、实验取证的求实精神、开拓创新的进取精神、竞争协作的包容精神、科学怀疑精神；也有学者提出，科学精神包括客观求实、不断求知、追求真理、科学怀疑、团队协作；还有学者认为，科学精神包括实事求是、探索真理、崇尚真理、勇于创新、反对迷信、反对盲从、解放思想、追求真理、与时俱进等。

5.3 应急科学传播活动的策划

5.3.1 应急科学传播活动的定义

应急科学传播活动策划是指在充分调研和分析公众的应急科普需求，以及对自身开展活动资源准备情况进行评估的基础上，进一步明确应急科学传播活动的主题、总目标和具体目标、活动内容、活动过程和步骤、开展活动的方式、方法、策略等，是在活动正式展开之前对活动整体进行筹划的一系列活动。

应急科学传播活动一般由政府相关部门、社会组织、企事业单位等举办，主要面向社会公众和试图调动最广泛的公众参与，旨在传播科学知识、科学方法、科学精神等，从而提升公众的综合科学素质。

5.3.2 应急科学传播活动的分类

按照不同标准，科学传播活动有不同的分类，这些标准也同样适用于对应急科学传播活动进行分类。

2011年，科技部政策法规司的"全国科普统计方案"将科学传播活动分为讲座、展览、竞赛、国际交流、青少年科普、科技活动周、大学和科研机构向社会开放、实用技术培训、重大科普活动这九种类型。

2013年，《科普活动概论》一书将科学传播活动分为展示类、宣讲类、体验类、竞赛类、培训类、综合类这六种类型。

总体而言，应急科学传播活动在目标、内容、形式等方面存在差别，这些都可以成为对其进行分类的标准。

5.3.3 应急科学传播活动的策划原则

策划应急科学传播活动要遵循一定的原则，它们是拟定活动方案的依据。

首先，紧跟相关政策要求。应急管理、科学技术以及新闻宣传相关公共政策为应急科学传播提供政策指引。公共政策具有鲜明的问题导向性，这就需要应急科学传播能够解决社会问题，需要面向公众需求，需要满足科技发展的需要。

其次，紧贴相关传播规律。应急科学传播是传播的一种具体类型，因而，在开展相关活动时也需要遵循传播规律，要能够充分地考虑传播者、传播受众、传播媒介、传播内容、传播方法和手段等多重要素对传播效果的影响。更加具体来说，活动策划要充分考虑目标对象群体的年龄、心理和生理特点、受教育程度等特性，需要选择合适的科普内容，需要运用科学的传播方法和策略。例如，科普活动主要包括宣讲、展示、体验、竞赛、培训等，如果面向小学生进行化学知识的科普，则以展示和体验的活动方式效果最好。

最后，紧扣自身优势特色。活动组织和实施者应当分析自身优势，采取方法和措施将这些优势充分发挥出来。例如，高校拥有丰富的人才、成果等资源，博物馆拥有大量的设备资源，政府部门拥有组织和动员能力，个体则具有灵活的优势，活动组织和实施者要善于将不同主体的优势进行组合和充分发挥。

5.3.4 应急科学传播活动的策划要点

应急科学传播活动的策划需要关注和聚焦五个要点。

第一，确定活动主题和调研需求。一方面，应急科学传播活动的主题可大可小，它是活动的理念和思想，通常需要活动组织者结合自身资源情况和独特优势加以设计，且需要能够紧跟政策导向和具有时代特色。例如，南京地质博物馆在2023年9月全国科普日举办了面向公众的地球知识科学普及活动，这无疑紧密贴合了博物院的自身资源优势和学术特色。另一方面，应急科学传播活动开展前要充分调查和全面分析活动需求，不要一厢情愿，如果活动无人响应，将造成不必要的浪费。例如，针对社区居民进行保健知识科普，就需要明确是否所有年龄段的公众都有该方面需求，不同年龄、性别的公众是否会对保健知识有不同的需求，公众比较希望通过何种媒介接受科普。

第二，确定活动原则和目标。一方面，在确定应急科学传播活动具体目标和内容前，需要明确活动必须紧跟相关政策要求、紧密贴合传播规律、紧扣自身优势和特色，任何违反这些原则的目标设定和内容设定都不可取。另一方面，传播目标的确定可从对象群体和效果两个维度进行设定：一则，不同公众群体之间存在着共性的科普需求，但是，在不同公众群体之间也存在需求差异；二则，为了实现不同的传播效果，需要采取不同的传播方式、方法和策略等，对传播效果的追求需要重视时效性、吸引性、提升性以及后续效应。

第三，确定活动特色和卖点。应急科学传播活动组织者要有受众意识和营销意识，要以吸引受众关注和获得更多数量的受众为目标，这需要他们了解己方的资源优势，能够设计出有特色的方案，要让自己的活动与众不同并形成品牌效应。组织者可实施诸如SWOT分析等，从而为活动提供有益帮助。此外，活动组织者需要进行有针对性的宣传和营销，旨在让公众了解活动，对活动目标、内容、独特性有所期待，并产生参与活动的兴趣和热情，这方面工作主要涉及利用什么渠道和手段推送活动信息、如何设计推送内容等。

第四，确定活动类型、内容、步骤、方式。首先，科学传播活动的类型主要包括讲座、展览、体验、科技活动周等，组织者要能根据目标受众的特点做有针对性的选择。其次，在确定活动类型的基础上，依据活动主题，组织者可进一步确定活动内容，而活动内容必须具备丰富性、科学性、启发性。再次，科学传播活动的步骤要前后衔接，组织者要明确每个步骤的具体完成方式，即每个步骤包含哪些具体任务和要求，需要什么样的人财物资源配套，以及用什么样的方法和手段。最后，在活动方法和手段的选择方面，要能够凸显趣味性、娱乐性、互动性、创新性，从而实现最优的传播活动效果。

第五，确定活动的不同身份的参与者。活动组织者需要在活动实施前明确活动的对象（不同的公众群体）、活动的执行者（谁来组织和负责人财物的保障、谁来讲解、谁来操作、谁来实施辅助工作）、活动的监督者以及活动的评估者，只有在这些都得到明确之后，才能更有针对性地做好动员和组织工作。

5.4 应急科学传播活动的实施和评估

5.4.1 应急科学传播活动的实施

应急科学传播活动的实施并没有非常固定的套路，需要组织者因地制宜地和具有创造性地开展工作。同时，在实施过程中，整个过程需要能够被严格地监控，通过监控所发现的问题也要能够得到及时的解决。

5.4.1.1 活动实施的原则

应急科学传播活动实施的原则包括：按部就班、因地制宜、精打细算。

首先，应急科学传播活动的实施者要能够依据活动策划方案来按部就班地组织实施活动。"按部就班"在这里没有任何贬义，而是说实施者要能够对传播活动做细分，明确每个阶段的具体任务、内容和要求。

其次，实施者在面对任务执行过程中的具体问题时要能因地制宜。他们可能面对不同对象，在实施过程中可能会遇到不同问题，这需要他们在不会实质性变更前期策划方案的同时能够更加灵活地应对和处置，能够更加有创造性地调动所有人员的工作积极性、激发参与活动人员的热情，从而保证每项任务的落实。

最后，任何活动的资源都不可能是无限的，特别是在组织科学传播这种带有较强公益性质的活动时，组织者和实施者的资源储备和保障不会非常充足，这就要求他们从实际出发，减少不必要的活动环节进而减少浪费，从而使得活动取得社会效益和经济效益的最大平衡。

5.4.1.2 活动实施的筹备

在应急科学传播活动正式实施之前,组织者和实施者(很多时候重合)需要做好筹备工作,一般包括:组建团队,并确保团队内有能够完成各种任务的人员;进行实施工作相关的人员培训,统一思想;做好活动宣传,让公众了解活动和有参与活动的意愿;准备场地、器材、材料以及其他各种活动所需物。

活动实施团队的组建是筹备工作的重中之重。团队大小视活动规模而定,团队成员的构成视所需完成任务的具体类型和内容而定,要能够以胜任活动实施为目标,保证团队人员构成的差异性和多样性。此外,需要对团队进行活动前的培训,包括主要有关任务的背景、目标、意义、内容、步骤、重点和难点、纪律和规范等,从而统一思想,凝聚共识,提高工作效率。

宣传推广是活动正式开始之前需要重视的另一个筹备环节,活动再好,如果无人参加或者响应,活动组织者和实施者的热情将会受到打击,前期投入的人财物资源将会被浪费,活动的延续性也将不能得到保证。具体来说,活动的组织者或者实施者应先期通过各种媒介工具对活动进行宣传,可以诉诸的工具包括电视、广播、报纸、网络等,也可以使用海报、条幅等,还可以到活动目标人群所在单位进行现场宣传,这些都取决于活动的类型、规模、目的等因素。宣传推广的最终目的是要有公众能够最终自发参与,也有部分公众有组织地参与,另外,还会有相关领导、专家以及同活动高度相关的嘉宾参与活动。

5.4.1.3 活动的具体实施

活动的具体实施是将前期策划方案和将实施工作准备等内容付诸实践的过程,主要关注活动开幕与启动、现场服务和管理等内容。

首先,一个成功的活动开幕仪式是整个活动的脸面,能够让人印象深刻。开幕式要能够突出活动主题,保证所有参与活动的公众、嘉宾、媒体都能够准时到场,这还需要有专门的团队成员负责联系和接待,保证他们能够很好地嵌入到活动之中以及对活动进行积极正面的宣传报道。

其次,在很多大型科学传播活动中,现场的秩序维护极为重要,否则活动的质量和效果将极难得到保证。组织者和实施者需要安排专门的工作人员负责做好现场引导工作,主要包括合理分配活动空间,合理安排参观路线,对人流量特别大的区域要做好有效指引,对需要观众互动的活动要安排专门的工作人员负责咨询和讲解,以及提供力所能及的安保和急救服务。

最后，还要有专门的工作人员做好监控、信息收集和工作总结。一则，当监控到问题时，工作人员要及时汇报和解决问题，如有必要还可对活动方案的某些部分进行灵活微调。二则，要注重参与者反馈，要对他们的意见进行收集、记录和保存，并根据意见及时调整活动方案或在下次活动时做调整。三则，工作总结是在工作结束后，总结经验，发现缺陷，以便为将来开展类似工作打好基础。

5.4.2 应急科学传播活动的评估

应急科学传播活动评估是基于活动的监控和记录，对活动是否实现或达到了预期的影响和效果进行评价，它是对既有工作的完成情况进行回顾和总结，也对今后工作优化和提升具有指导价值。

5.4.2.1 活动评估的类型

按照不同的标准，科学传播活动的评估可以有不同的分类，这也同样适用于对应急科学传播活动进行分类。

按照评估工作在活动中所处的位置，可分为可行性评估、形成性评估、总结性评估。首先，可行性评估发生在活动正式实施前，它是针对活动项目的立项、策划、方案设计进行的评估，需要根据活动的类型、内容、目标等，分析活动的可操作性，以及发现活动中可能会出现的问题。其次，形成性评估是对活动实施情况的评估，内容包括活动实施的基本情况以及活动过程中出现的问题和困难。最后，总结性评估是在活动结束后，对活动是否达到了预先设定的目标、达到的程度如何、活动的社会影响如何、活动的优势和不足等方面进行评价。

按照评估方式可以分为内部评估、外部评估和参与式评估。首先，内部评估由活动组织和实施者自己开展，这种评估更多用于发现一些现实问题和及时解决问题，但评估的公正性，特别是评估效果较难得到保证。其次，外部评估是由与活动无关的第三方实施，且往往是对活动相关情况比较了解或者专业水准较高的专家参与，这有助于保证评估的有效性和客观公正性。最后，参与式评估是综合吸纳活动组织者、实施者、参与者、专家等共同参与评估，并对他们的评估赋予一定的权重，这更有助于保证活动评估的深入性、针对性、有效性。

按照评估的内容，可以分为综合性评估和专题性评估。综合性评估是对科普活动从组织实施到传播效果的全面评估，专题性评估则主要针对科普活动的某一个方面。事实上，所有的评估方式并不绝对地排斥，在某项科学传播活动的评估工作中，多种类型的评估可能是同时进行的，而这主要取决于活动组织者和实施者的具体评估目的。

5.4.2.2 活动评估的维度

一般认为,科学传播活动的评估包括对活动策划方案的评估、对活动内容的评估、对活动方式的评估、对活动组织实施的评估、对传播效果的评估。

第一,对策划方案的评估。在活动组织实施之前,组织者通常会编写活动的策划文案,内容包括活动的主题、原则、目标、步骤、方法等,而策划方案的评估就是要去评价主题是否鲜明、目标是否明确具体、是否能够满足公众需要、步骤是否清晰、总体安排是否科学合理等。

第二,对活动内容的评估。科学传播活动涉及一些具体活动,例如,讲座、展览等。活动内容评估就是对这些活动与主题是否相关、知识内容与公众需求是否匹配、知识层次与公众水平是否协调、科普活动内容类型是否丰富等进行评价,而这些内容会对参与主体对活动是否认可、接受、理解产生重要的影响。

第三,对活动方式的评估。不同主体会采取博物馆科普展览、青少年化学实验体验、老年人消防知识讲座等不同方式开展活动,而对活动方式的评估主要就是考察和分析所采取的活动方式是否同活动主题契合,是否有助于实现预期目标,同以往该类主题的科普活动方式相比是否具有创新,是否能够更好地调动目标群体参与到活动之中以及有效地激发他们有关传播主体的兴趣和热情等。

第四,对活动组织实施的评估。这是指对组织者、实施者的组织管理和执行情况进行评价,主要涉及对硬件配备情况、环境布置和氛围营造与活动主题的匹配程度,实施者活动管理的规范性、有序性、协调性情况,执行任务团队工作效率和服务水平以及活动项目的宣传推广工作进行分析评价。

第五,对传播效果的评估。传播效果通常是任何类型传播活动的终极指向,这通常可以从参加活动的人数以及变化,参加活动的公众在态度、意见、认知方面的改变,不同媒体对活动的报道情况,社会各界对活动的整体满意度等方面加以衡量。此外,参与活动的目标群体是否了解了宣传主题的相关知识、方法、精神,以及兴趣、热情是否得到了启发是最重要的方面。

5.5 我国应急科学传播事业现状

"非典"暴发后,我国的应急管理体系进入了系统化建设的新时代,而我国的应急科学传播事业也是在那之后开始获得了较大发展,主要包括人才培养、媒体传播、场馆建设等方面(见表 5.2)。

表 5.2 我国应急科学传播建设现状和不足

类型	现状	不足
人才培养	专业型、机构型、传统媒体型和新媒体型四类人才兼具	既懂应急知识，又具备传播能力的人才较为缺乏
媒体传播	通过印刷媒体、广播、电视、网络等多元媒介进行传播，其中网络媒介占主流	专业的、运营健康的融媒体平台仍然较为缺乏
场馆建设	建设了一批主要由政府拨款建设的陈列性展馆，取得了一定的社会效益	自负盈亏、运营良好、体验性质的场馆仍然较为缺乏

5.5.1 人才培养

我国具有较高科学素养的专业应急科学传播人才仍然较为稀缺。科学传播人才需要具备完善的科学知识体系和较高的科学素养，更为重要的是，他们还要掌握将艰深的科学知识、方法、精神等有效传递给公众的传播能力，而这种能力跟科研能力有一定的差别。

我国的应急科学传播人才可分为专业型、机构型、传统媒体型和新媒体型四种类型，他们各具优势，但也有各自的不足：专业型人才懂知识、懂方法，但缺时间，也缺乏重新学习如何进行科学传播相关知识的时间和精力；传统媒体型人才具备较高的媒体素养，但专业能力较为缺乏，更多是对专家意见做转述；新媒体人才主要通过互联网进行知识传递和分享，效率较高，互动性较强，但同传统媒体人才一样，也存在专业性缺乏的不足；机构型人才具备最强的专业能力，并且能够做好常态化的科学传播工作，唯一不足在于有关该类人才的激励机制尚不完善，很难吸引更多优秀人才加入到专职的应急科普工作中来。

5.5.2 媒体传播

应急科学传播者会通过不同类型的媒体进行应急相关知识的传播，同时，不同的媒体方式在不同历史时期起到的作用也不尽相同。

首先，2003 年之前，应急管理主题的图书出版数量较少，然而，随着"非典"的暴发，我国应急管理图书出版开始起步，国内也出版了一批介绍应急管理（彼时多称"危机管理"）的图书，如《学习时报》编辑部组织编写的《国家与政府的危机管理》、薛澜等所著的《危机管理》等。2008 年的汶川地震使我国政府和公众更加重视应急知识的普及。直至 2019 年新冠暴发，各类有关突发公共卫生事件、自然灾害等的科普图书大量出版。但是，我国应急科普图书的学术含量仍有待进一步提升，图书出版的国际交流与合作也仍有较大的空间。

其次，电视和广播在很长时间内起到了最重要的科学知识普及的作用，但有关应急知识普及的节目的数量却一直比较有限。随着近十多年互联网的普及，利用电视和广播来传播应急知识越来越受到限制，且一般只在突发事件发生时，电视和广播等媒体有关应急知识和事件动态的报道才会增多，因而，如何做好电视、广播等传统媒体的传播定位是今后的工作重点。

最后，网络传播已成为目前主流的科学传播媒介，它高效、经济以及具有更强的互动性。根据《中国科学传播报告（2021）》，截至2020年底，我国各级科协、学会、政府部门、事业单位、企业、科研机构、科普场馆、门户网站已建设科学传播类网站2700多个，覆盖全国所有省、自治区、直辖市。但是，网站建设仍存在不足，主要体现在缺乏市场机制激励，网站运营以政府投入为主，服务意识缺乏，且在全国范围内有影响的专门的应急科普网站几乎没有。

5.5.3 场馆建设

"非典"之后，在政府引导下，我国建设了一批应急安全体验馆，其中以灾难纪念馆数量最多，而这类场馆主要承担的是纪念、宣传、展示、教育以及针对青少年群体开展爱国主义教育、思想道德教育、防灾减灾知识普及等功能。这类场馆主要由政府拨款建设和运营，带有较强的公益性质。例如，山东潍坊的金宝防震减灾科普馆就是该类场馆的典型代表，它们免费对公众开放，并提供了大量地震科普的体验式和展示类教育资源，取得了良好的社会效益。

目前，我国应急科普场馆的科普方式仍然以陈列式教育为主，能够提供调动公众参与和体验的场馆服务仍然较为稀缺。此外，我国应急科普场馆建设的规范化和标准化水平参差不齐，依靠自身健康运营来获得生存地位的场馆更是凤毛麟角，这就需要更多市场竞争机制的加入和更多场馆建设运营的理论来指导和推动我国应急科普场馆建设的健康和可持续发展。

复习思考题

① 请简述应急科学传播的定义、体系构成。
② 请简述应急科学传播的内容。
③ 请简述应急科学传播活动策划的原则。
④ 请简述应急科学传播活动策划的要点。
⑤ 请简述应急科学传播活动筹备工作包括哪些内容。
⑥ 请简述应急科学传播活动评估的主要维度。
⑦ 请简述我国应急科学传播事业发展情况。

第6章

应急舆论传播

"舆论传播"是"应急舆论传播"这一概念中的两个核心要素之一,"应急"意指应急管理,那么,何谓"舆论传播"?

"舆论传播"可以从两个维度理解。一方面,"舆论传播"和"舆论"是两个等同的概念。由于"传播"是舆论的内在属性和基本特征,因而事实上不存在"不传播的舆论",而一些学者也会出于强调舆论"传播"特性的目的来使用"舆论传播"这一概念,它等同于"舆论",是一个具有静态意味的概念。另一方面,"舆论传播"特指舆论从启动到生成直至消亡的传播过程,这一概念的落脚点其实是"传播",强调舆论具有能够传播的动态属性。

本章意在凸显"舆论"所具有的传播属性和特征,故而也使用了"舆论传播"这一名称,但它跟"舆论"是等同的概念,换言之,本章标题中的"应急舆论传播"就等同于"应急舆论",而本章也将主要对应急管理情境中的舆论相关内容做一全面介绍,主要包括:①舆论的定义、特征、分类、功能、场域等内容;②应急舆论传播的定义、应急舆论传播的主体、应急舆论的客体、应急舆论的渠道;③应急舆论传播过程、传播模式、影响传播的主要因素;④应急舆论的调控目的、前提条件、方法等。

6.1 何谓舆论

本部分将对舆论的基础理论内容进行介绍,主要包括舆论的定义、特征、分类、功能、场域等内容。然而,这些理论对应急管理情境中的舆论行为和舆论现象同样具有适用性和解释力,掌握这些基础理论也将有助于我们更好地理解后续几个小节中有关"应急舆论传播"的相关内容。

6.1.1 舆论的定义

我们常会听到和使用"舆论"这个词，如下是一些例句，"舆论"在每个句子中的意思是否一样？我们是否可以依据这些例子给"舆论"下个定义？

例1：某明星因为不堪舆论压力决定息影一年。

例2：舆论监督是促使政府相关部门主动改善服务作风的有效手段之一。

例3：那个南美国家政府的领导总是很善于把自己的意见隐晦地藏在舆论中。

例4：这个老师感觉学校的舆论对她不是特别友好。

例5：关于市场监督部门不作为的负面舆论最近一段时间充斥当地媒体。

例6：关于是否提高水价的不同舆论交锋了很久，最终也没形成一个定论。

例7：关于是否提高水价的不同舆论交锋了很久，最终也没形成一个定论。

例8：普通老百姓会因为网络上的一些"假舆论"去买水和囤粮。

例9：积极乐观的舆论氛围有助于群众保持良好心态渡过难关。

例10：这两个国家常会通过各自的舆论指责对方没有管理好边界。

通过对如上十个例句的分析以及归纳可知：舆论一般会有关某个长期存在的社会问题或近期发生的重要社会事件，相当数量的公众会就这些问题或事件发表意见，不同的意见会交锋，会融合，某些意见会最终占据上风，并进而在更大的范围内传播，获得更多的人认可，当然，这个过程可能并不是一蹴而就的。这种被大多数人认可的意见会对公众个体、群体、社会组织产生多方面的不可预知的影响。此外，舆论并非总是理性的，这是因为发表意见的人并不可能掌握完全充分的信息来做出判断和形成意见，或者他们并不具备完全理性的头脑，某些人还会在舆论形成的过程中被刻意误导，因而，舆论中总是会混杂着各种理性和非理性的成分，如不加有效引导，舆论会对社会治理产生巨大的负面作用。

显然，如上不是有关"舆论"的严格界定，那么，学者们如何界定"舆论"？

舆论是一个典型的传播学概念。中文"舆论"的英文是"public opinion"，它来自美国著名的传播学者以及记者李普曼的著作《Public Opinion》，可直观理解成"公众意见"。尽管"舆论"被认为是传播学的概念，相关研究也主要由传播学者开展，但是，美国学者哈伍德·奇尔德斯在《公共舆论：特性、形式和作用》一书中回顾了"舆论"的五十种定义之后却发现，这些定义的提出者不仅来自传播学领域，还有大量的学者来自政治学、社会学、历史学、心理学等其他学科，可见，"舆论"是一个众多学科都较为关注的概念和议题，其研究具有鲜明的跨学科特征。

我国学者许静（2020）在总结国内外研究基础上对"舆论"的界定进行了全面的总结，具体来说，"舆论"可以从五个方面理解：

第一，舆论是个人意见的汇聚。《不列颠百科全书》把舆论定义为"社会中一定数量的人对某些特定社会话题所表达的个人观点、态度和信念的集合"，并且，当一国或地区的政府要了解民众关于某些社会议题的看法（即舆论）时，往往会以问卷调查的方式采纳民众意见，其背后逻辑正是关于舆论的该种理解。

第二，舆论是以多数人观点为基础的集体意见。该种理解的重点在于舆论不是民意简单相加，实际上也无法对纷乱的个人意见进行简单加总，当某个社会话题引起关注，并形成各种不同意见甚至是意见交锋时，某些意见总是最终会逐渐占得上风，它们就汇聚成为所谓的"舆论"，而原本不同的意见则销声匿迹。

第三，舆论是媒介和精英的意见。由于舆论在引导公众方面具有重要作用，所以舆论很多时候并不会"顺其自然"地形成，一些社会精英或者媒介总是会有意无意利用他们在声望或者技术方面的优势去刻意制造和引领"舆论"。因而，我们面对扑面而来的舆论和似乎不得不接受的舆论并不是个人意见的加总或某个意见胜出的结果，它们事实上是社会精英出于某些目的刻意生产或制造的。

第四，舆论反映群体利益冲突。这一理解背后的假设是在一个利益多元的社会中，不同利益集团会不断进行斗争，从而让本集团的利益得到满足。利益集团会努力将很多属于本集团的利益问题公共政策化，而在其中舆论将起到重要的触发作用，于是，利益集团会培养、固化和传播某些意见，会通过各种手段影响媒介记者，所以，舆论被认为是强势的利益集团营造出来的社会倾向和意见倾向，而真实和多元的个人意见并不总会被认真对待，很多时候还会被埋没。

第五，舆论是一种虚构。认为舆论是虚构的人从根本上否定有任何实质的舆论存在，舆论是被人们主观建构的，其背后仍然是利益集团和利益，舆论只是一种幻象，是一种被报纸、电视和其他媒体滥用的修辞。

6.1.2 舆论的特征

舆论有四方面的基本特征：公开性、多数性、多样性和争议性。

第一，舆论的公开性是指舆论必须是公开表达的意见。不发表出来的意见不能被称作舆论。舆论生成的过程是各种观点和意见不断公开、触碰和交锋的过程，也是一些观点和意见的影响逐步显现和增长的过程。

第二，舆论必须是相对多数人的意见。如果只是少数人的意见不能被称为舆论。关于"多数"需要达到什么比例或者数量界限并无统一认识，但是，舆论的公开性和多数性是舆论的两个最重要特性。

第三，舆论的多样性是由舆论主体和客体多样性决定的。舆论生产主体包括不同的阶级、党派、社团等，舆论客体可以存在社会生活的所有时空，因而这必然会催生多样的舆论。当然，承认舆论的多样性并不意味着不接受统治阶级的领导，更不意味着错误的舆论可以自由泛滥。

第四，舆论的争议性意味着涉及舆论客体的不同意见的差异性极大。舆论主体的站位不同和利益不同，即使是在同一个群体或者组织内，作为舆论主体的成员的意见大致相同，但在形成相对统一的"舆论"之前也仍然会有碰撞和融合，这也意味着舆论的形成一定不是所有成员意见的简单和机械加总，舆论是在交流、争论、说服和引导的过程中逐渐获得多数人的认可而进入群体意识范畴。

除了这些，舆论还具有倾向性、易变性、指向性和表层性，它们是建立在舆论基本特征基础之上的。

第一，舆论的倾向性是指舆论总是主观的和反映舆论主体利益的。舆论总是关乎一些最基本的价值判断，诸如对错、好坏、善恶等，而基本价值判断的形成主要取决于舆论主体的认知，有什么样的主体认知就会形成什么样的舆论。

第二，舆论的易变性是指有关舆论的价值判断总是会摇摆。舆论具有易变性是因为舆论的主体、客体和环境处于不断变化中，而任何一个方面发生的变化都可能使得旧的舆论在某些方面发生改变，特别是当某些旧的舆论形成时间不长或者事实基础不牢固时，新的舆论很容易就会替代旧舆论。在手机互联网时代，信息传播极为便捷，这种新旧舆论的不断交替更加明显。

第三，舆论的指向性是说舆论是现实社会生活的最直接反映。舆论是对社会事件或社会问题的反映，舆论不可能超越现实存在，舆论始终追随时代步伐，并且要能够反映社会的脉搏跳动和表征社会的跌宕。

第四,舆论的表层性是指它居于人类意识形态的表面部位。相较于政治、经济、法律、哲学等深层的意识形态,舆论的感知和把握往往较为轻松,但这并没有降低舆论在我们现实生活中的地位和作用。

6.1.3 舆论的分类

按照不同标准,舆论有不同的分类(见表6.1),这些分类并不互斥,还会重叠,而从不同维度对舆论进行分类也有助于我们更好地理解这一概念。

表6.1 舆论的分类

分类标准	具体分类
成熟形态	初级形态:意见和态度;成熟形态:舆论和民意;发展形态:舆情
生成和传播范围的大小	群体舆论、团体舆论、公共舆论
显现程度	潜舆论:信念和情绪;显舆论:真实的表达,扭曲的表达

6.1.3.1 初级形态、成熟形态、发展形态

按照成熟形态的标准,舆论可以被分为初级形态、成熟形态和发展形态三种类型(李彪,2020)。

首先,舆论的初级形态是意见和态度。

第一,"意见"是指对某项事务的基本见解与主张。个人意见处于不断变化中,这是因为意见客体总是变化,同时,个人也容易受到他人或媒介的影响。

第二,"态度"是指人们基于自身道德观和价值观形成的对人或者事物的意见倾向,表现为感受(道德观和价值观)、情感(喜怒哀乐)和意向(谋虑、企图等)三个方面,具有对象性、评价性、稳定性和内在性四个特征。

第三,"意见"和"态度"之间具有关联。社会心理学家一般把"意见"界定为某种"态度"的言语或行为方面的表现,是对具体的事或人或刺激所做出的语言或行为方面的反应,换言之,"态度"是内在的,"意见"则是外在的,"意见"是能够听到和看到的,而一般认为,舆论研究主要关注的也是可观察到的意见以及意见的变化,而非态度或者态度的变化。

例如,人们用语言表达对随地乱扔垃圾现象的不满,或通过点头表达对礼让行人的赞许,这是意见,而态度则是驱动这些外在意见表达的内在精神。

其次,舆论的成熟形态是舆论和民意。

第一,关于某个社会现象或问题的不同意见在一定范围内交流、分享、碰撞、整合,最终这些意见中的共同部分被多数人共享,于是"舆论"形成了。

第二,民意是指来自民间或者非政府机构的个人、团体或者公众的意见,这些意见有时公开,有时不公开,并且,民意的客体是社会事务,这些事务的发展走向往往蕴含利益的分配变动。

第三,舆论和民意既相互区别又相互联系:一方面,舆论的外延大于民意,舆论包括代表民意的舆论和不代表民意的舆论,这取决于舆论制造者和生产者;舆论可大可小,而民意一般则是较大范围内的民心倾向;民意有时未必能够被人直接感知,需要调研挖掘,而舆论一般被认为是外显和能被感知的。隐藏的民意得到挖掘就会向舆论转化,而某些舆论如果被压制则会向内隐的民意转化。

最后,舆论的发展形态是舆情。

舆情是在一定时空范围内,围绕某些客体(人、事、物、价值观、观点、态度、制度、规范等)的发生、发展和变化,民众的群体性情绪、意愿、态度和意见的总和。舆情概念中的"情"一方面表征意见变化速度之快,另一方面强调这些意见含有很多情感与情绪的感性特征,而并非总是客观。

较短的文本、口语化的表达都凸显出舆情的形成较舆论往往速度更快,规模膨胀更大,情感因素和感性元素更加充斥,特别是随着移动互联网技术的普及以及诸如5G技术的飞速发展,当下社会舆论的生态正在发生极大的改变,人们发表和共享意见变得容易很多和迅捷很多。

当今,公众大量使用微信、微博、短视频平台,有关某件事、某个人、某个社会现象的意见很容易在这种便利的碰撞中互相影响、同化、征服,这个过程也并非都建立在理性判断的基础之上,而一旦某些意见得以形成声势,"舆情"便形成了;当某些关键证据出现或政府选择介入,舆情还会迅速反转,舆论的势头一下子得到遏制,这不得不说是较之于过去大为不同的舆论样貌。

6.1.3.2 群体舆论、团体舆论、公共舆论

依据传播范围的大小,舆论可以分为群体舆论、团体舆论和公共舆论三种类型(周宇豪,2012)。

首先,群体是在一定社会区域或地域内,具有相近利益目标或共同情绪情感而聚集在一起的人,群体舆论就是指形成于这些人内部的舆论。

群体舆论跟人际传播和群体传播相关,人际传播形成了最小意见单元,而群体传播则促成了基于人际传播形成意见的小范围汇集。群体可以分为组织群

体和非组织群体（例如一个班级或因共同参加一个兴趣班而认识的一群人），前者一般指具有共同社会属性的集合体，而后者一般是联系松散、自发形成的群体。

群体舆论是较低层次的舆论形式，但是，更高层次的舆论形式往往是在群体舆论进一步汇总发酵的基础上形成的。由于群体构成相对松散，且没有约束，因此，群体舆论一般不够稳定，有时容易发生突变。

其次，团体是按照一定结构组织起来，具有共同利益、共同任务、共同目标的一群人，他们在从事大体一致活动的过程中形成的舆论被称作团体舆论，主要包括政府组织舆论、非政府组织舆论和随机聚集的有组织性的团体舆论。

团体舆论跟组织传播和大众传播有关。所有团体都有自己的舆论，没有舆论的团体就失去了巩固内部力量和应对外界变迁的能力。团体舆论往往通过其所属的或所寻求的媒介展现出来，相较于群体舆论，团体舆论的一致性更强，通常借助大众媒介进行传播，容易放大，也构成了公共舆论生成的最主要诱因。

最后，公共舆论是舆论的最高形态。相较于群体和团体舆论，其覆盖范围最广，公共性最强，是公众就某个特定社会议题产生的意见总和。公共舆论有四个特点，一是公共舆论往往承载了较为权威的信息，二是公共舆论往往意味着对特定议题更加全面地认识，三是公共舆论往往意味着更加公正的评价，四是公共舆论具有更加强大的控制和引导能量。

6.1.3.3　潜舆论、显舆论

舆论还可以被分为潜舆论和显舆论两种类型。顾名思义，潜舆论是指潜藏着的、不容易被观察和测度到的舆论，而显舆论则是指可以被观察到的或使用一定的方法、工具来测度和测量的舆论。

首先，潜舆论可分为信念和情绪两种基本类型。

第一，信念潜藏在人们内心深处，不通过特定的手段很难有效捕捉和测量，是一种态度或情感认知，具有一定的恒定性，短期内不会发生改变。信念是人们在社会化过程中习得的相对固定的价值观、道德信条、最基本的好恶等，它也给人们看待事物提供了某种认知框架。

信念带有其所在群体特有的传统、现实和政治经济体制的印记。处于一定群体中的人会有相近的信念；信念又受到个人差异的影响。信念是舆论的"定星盘"和"指南针"，舆论的判断与转向都是依附在这一基础之上的。

第二，情绪是个体对环境事件知觉到有害或有益的反应，它是人们能够感知得到但又不易确切捕捉到的东西。

公众情绪的产生与他们对刺激情境好与坏的评价有着密切关系。在情绪活动中，人们不断地评价刺激事件与自身的关系，这种评价包含三个层次：初评价、次评价和再评价。初评价是指人确认刺激事件与自己是否有利害关系，以及关系程度；次评价是指人对自己反应行为的调节和控制，主要涉及人们能否控制刺激事件，以及控制的程度；再评价是指人对自己的情绪和行为反应的有效性和适宜性的评价，实际上是一种反馈性行为。

公众内心的某种情绪产生之后，很容易激发情绪性舆论的出现。一旦社会舆论客体出现了变动，公众会习惯性地运用内心深层次的信念进行对比判断，并以一种直觉的形式，通过情绪的波动表现出来，尽管个体的情绪很难测量，但倘若这类情绪遍及相当多数量的公众，潜舆论就形成了。

其次，显舆论是公开表达出来的舆论，即狭义的舆论。

与潜舆论不同，显舆论不一定代表真实的民众情绪和心理，在一定的情况下会出现扭曲，主要包括三种情况：一是为适应环境而形成的显舆论，最典型的例子是基于群体压力和外部环境而表达出来的舆论，例如，电视台采访街头老百姓，老百姓的表达可能是为了迎合采访；二是显舆论中的自我表现成分，基于为凸显自己或者舆论客体而表达呈现出来的舆论，如基于自卑心理的自傲舆论，网络民粹表达中经常出现的一些言论等；三是显舆论中的自我防卫成分，舆论主体为了自身利益或缓解环境压力而产生的基于自身防卫的舆论，如很多学生在接受老师提问时，话语表达也与惯常的表达有明显不同。

6.1.4 舆论的功能

舆论的功能是指舆论对人们的社会生活产生的作用和影响，而依据不同的标准，舆论的功能也可以有不同分类：根据发挥功能的场域，舆论功能可分为舆论的经济功能、政治功能、文化功能、道德功能、教育功能、外交功能；根据发挥功能范围的大小，舆论功能可分为国际功能、国家功能和地区功能。

此外，人们还倾向于用"好或坏"的基本价值判断去评价周围的人或事，舆论的功能因而还可分为正向功能和负向功能（王灿发，2018）。由于舆论的正向和负向功能分类体现了公众最质朴的价值观，如下对其做进一步说明。

舆论的正向功能是指舆论所能起到的积极正面的作用，主要包括意识整合、道德规范、沟通调节、社会监督、社会稳定。

第一，舆论的形成经历了由表及里、由浅入深、去伪存真、去粗取精的过程，一旦正向的舆论得以形成，它的影响力、权威性便能对公众产生约束和导向等心理作用。同时，由于人们都有从众心理，在这种心理作用之下，具有导向作用的舆论便会自然地被公众接受，从而促成人们不同意识的整合。

第二，人类社会规范的重要形式之一是道德规范，由于很多时候道德规范不具有强制约束力，所以道德规范的效力发挥主要依靠舆论活动得以实现，舆论活动的主要内容也关涉道德。

第三，舆论形成的过程是通过意见交流实现的，在这个过程之中，不同的意见可以得到统一，而人类乐于参与社会生活的天性也决定了舆论可以引导他们为了改善社会生活而进行持续的沟通调节。

第四，舆论监督的方式较多，例如检举、揭发、游行示威等，最主要的方式是新闻监督，从而使社会的黑暗面曝光，而舆论之所以具有监督职能，是其本质决定的：舆论是民意的体现，舆论代表民众可能会有什么样的行为倾向，每一个国家都非常重视，而通过舆论和政府的互动，舆论的监督作用将得以实现。

第五，舆论是公众表达意见的重要方式，若一个社会的民意长期得不到表达而淤积，会对这个社会的稳定和发展产生不利影响。相反，舆论给了公众一个抒发不满的通道，这无疑有利于营造一个和谐稳定的社会环境。

舆论的负向功能是指舆论所能起到的消极负面作用，主要包括舆论审判、舆论暴力、谣言蛊惑。

第一，舆论审判是指舆论超越了正常的司法程序，对舆论客体进行的预先审判。由于舆论往往具有一定的规模，舆论审判往往会给司法带来巨大压力，从而影响司法独立和审判公正。

第二，网络已成为舆论聚集的主要场所，舆论暴力也主要发生在虚拟的网络空间，它是群体心理互动的结果，大量网民通过网络，对作为舆论客体的人或事件表达各种非理性的意见，而这往往会形成对他人人格的侵犯。

第三，谣言是未被证实但被采信的观点。由于沟通渠道不畅，人们往往得不到关于舆论客体的真实信息，于是，私下的信息交流和共享愈加繁盛，交流者往往出于主观臆想来形成某种判断，当这种判断迎合了人们的某种预期之后便会迅速流传，从而变为谣言，当这种谣言是在危机环境中发生往往会激起人们的恐慌和不安，从而造成社会的不安全和不稳定状态。

6.1.5 舆论的场域

舆论的场域也可简称为舆论场。刘建明（2009）认为，舆论场是包含若干相互刺激因素和使得许多人形成共同意见的时空环境，其测度可以从三方面展开：第一，一定空间内舆论主体的数量和互动频次；第二，某个舆论场跟环绕在其周围的其他舆论场以及所有环境因素之间的互动；第三，环境的渲染力和鼓动力能够加强某种意见的感染力，引起更多人的关注。

项德生（1992）提出，舆论场是特定舆论主客体相互作用而形成的具有一定强度和能量的时空范围，它的两个表征维度是空间和信息，舆论场是由大量的信息在某个具体空间内流动形成的。

王灿发等（2018）认为，舆论场是舆论主体在诸多因素影响下对舆论客体产生具有一定强度的共同意见时的时空场域，它包括三个因素。第一，物理因素。物理因素包括现实的空间和虚拟的空间，人们既可以在现象进行舆论传播，也可以通过网络进行意见分享。第二，信息因素。信息是影响普通社会场域蜕变为舆论场的客观影响因素，这些信息既包括刺激舆论生成的各种信息，也包括舆论传播过程之中经过加工的各种信息，没有信息流动就无所谓舆论场。第三，心理因素。这是舆论场表征的决定性因素，可分为两个层面：一个是长期存在于普通公众脑海中的意识根源，包括已有的知识、已建立的价值标准和道德观、法律意识、信仰、风俗习惯等，它们对普通公众的意见生成、接受、加工和传播都会产生重要影响；另一个是由舆论客体所触发即时生成的意见气氛，它会作用于意识根源，人们意见形成往往是在意识根源和周边意见气氛共同作用下生成的。

此外，根据舆论场形成的时空环境，它可以分为民间口头舆论场、传统媒体舆论场和网络舆论场三种类型，他们相互影响，共同构成复杂的舆论环境。

6.2 应急舆论传播体系

6.2.1 应急舆论传播的界定

如同本章开头对"舆论传播"的界定类似，"应急舆论传播"也可以从两个维度去理解：第一，"应急舆论传播"等同于"应急舆论"，而"应急舆论"是指应急管理情境中的舆论行为、舆论活动、舆论现象的总称，一些学者为了凸显"应急舆论"的传播属性而特别使用了"应急舆论传播"这一概念；第二，"应急舆论传播"是指在应急管理情境中，舆论从启动到生成直至消亡的传播过程，这一概念名称是一个主谓短语，其落脚点是"传播"，概念具有鲜明的动态属性。具体来说，本章的"应急舆论传播"可从第一个维度进行理解，意即：应急舆论传播就是应急舆论，本章也是在对"舆论"相关内容进行全面介绍的基础上再去介绍其下位范畴"应急舆论"。

应急舆论传播是一个完整的体系，主要由应急舆论传播主体、应急舆论传播客体、应急舆论传播渠道等要素构成，这些要素分别涉及应急管理情境中的舆论由谁生产制造（应急舆论主体）、有关哪些人和事（应急舆论客体）、通过什么渠道进行传递和分享（应急舆论渠道），它们是应急舆论传播从启动到形成到发展成熟直至消亡的整个过程中最重要的构成要素。

6.2.2 应急舆论传播主体

应急舆论传播主体是舆论主体概念在应急管理情境中的具象化。那么，要理解何谓应急舆论传播主体，我们可首先厘清何谓"舆论主体"（即舆论传播主体）。

首先，应急舆论传播主体是舆论主体的下位范畴。舆论主体是指对外部社会有一定的共同直觉，或对具体的社会现象和问题有相近看法的一群人。这群人在日常生活中一般是分散的，但有关外部事物、事件的共同或相近情绪、观点等能较容易地把他们联系起来，他们能针对共同的外部事物、事件自主地发表意见（陈力丹，2012）。在这个意义上，应急舆论传播主体是共同关心应急管理和突发事件相关信息的那群人，而网民显然业已成为当今社会最重要的应急舆论传播主体。

其次，应急舆论传播主体的行为模式是应急舆论锻造成型的主要原因。在传统媒体时代，作为舆论主体的公众发表意见的渠道有限；然而，全球业已进入移动互联时代，以中国为例，根据2023年8月发布的第52次《中国互联网络发展状况统计报告》（简称《第52次报告》），我国网民规模达到10.79亿人，中国移动、中国联通和中国电信三家企业拥有21.23亿用户，因而，绝大部分公众目前主要通过手机上网以及通过使用诸如抖音、微博、微信等手机应用软件来获取信息和发表意见，该过程极为迅捷和便利，传播者和接受者之间的互动也极为频繁，应急舆论也是在这样一种条件下启动形成和发展变化的。

再次，应急舆论传播主体的自身属性也将决定应急舆论成型的样貌。包括应急舆论传播主体在内的我国舆论主体以低龄、低学历、低收入的三低人群为主（李彪，2020）。通过2020年第十次人口普查可知，接受过高等教育的人口在总人口中所占比例不足10%，而应急管理情境中舆论的诸多特征也正是由该部分群体的属性与特征所决定的，主要包括如下：

第一，包括应急舆论传播主体在内的各种情境中的舆论主体都拥有强烈的话语表达愿望，他们的话语往往较为激进，很多时候还很情绪化，甚至存在话语暴力倾向，因为弱势和无力他们希望被平等对待，希望自己的声音被听到。

第二，包括应急舆论传播主体在内的各种情境中的舆论主体还非常具有正义感和使命感，当面对现实中的无力时，他们希冀通过网络来表达对社会不公的愤慨以及期望通过网络呐喊来扭正这些不公。

第三，包括应急舆论传播主体在内的各种情境中的舆论主体在网络上提出的观点的形成依据是潜藏在他们心底的社会认知，较少来自他们对现实的缜密的逻辑分析。换言之，"观点预设"成为他们身上的显著标签，而许多观点都是"刻板印象"的产物。

第四，由于缺乏足够和充分的理性思维的能力，应急舆论传播主体发表的观点特别容易受到自身和他人情绪的感染，并且由于情绪极易传播的特性，他们的观点表达还会变得越来越极端，甚至有向线下转化为"行为舆论"的倾向。

第五，包括应急舆论传播主体在内的各种情境中的舆论主体都渴望通过舆论表达的意见能够很快起到功效，尤其是得到政府的重视，而他们也寄望通过这样的方式获得心理慰藉，对舆论涉及的问题的关注也进而会迅速消散。

最后，除网民外，应急舆论传播主体还包括其他身份的个体、群体、组织等。例如，尽管政府被认为是舆论调控主体，但随着互联网革命深刻地改变着舆论生态，在这个人人都有"麦克风"的时代，在各种思想观念的交锋交汇中，政府也在谋求转型，他们通过各种方式及时、正面、准确地主动发声，并期望通过这种凡事正视听、明是非、添动力、促发展，实现有效引导舆论的目的。

6.2.3 应急舆论传播客体

应急舆论传播客体是指应急舆论传播所涉及的人、事件、社会问题等，而其最终指向都是关乎人或蕴含于事件中的各种类型的社会问题，他们主要具有公共性和反常性的特点（韩运荣，喻国明，2020）。

一方面，社会问题的公共性是指他们主要缘起于公共利益、与社会关系以及与社会观念。一则，公共利益并不总是能得到充分实现，而个体会倾向利用公共性的非均衡性为自己牟利，这会导致利益分配相关的公共问题的产生。二则，人们往往会承担一定的社会角色，这除了由个人的位置决定，也由社会公众对相应社会角色的期许决定，如果二者发生冲突，就会增加人们有关社会关系的困扰，让他们觉得社会关系缺乏秩序感，相关社会问题也因而产生。三则，随着社会的变迁，社会观念在经历各种变化，而处于不同社会发展过程和具体场景中的社会公众的观念必然有不同，还会发生抵触或交锋，各种社会问题应运而生。

另一方面，社会问题的反常性是社会实践和意识形态会发生冲突。所有类型的社会实践都有与其匹配的意识形态，这些意识形态以社会制度和规则、观念文明、社会设施等方式来引导或者制约人们的行为，调节人们的社会关系，从而使社会良性运转，然而，当社会实践和既有的社会文明或制度之间失衡，社会问题作为舆论客体就会凸显出来，并提醒各方面的关注和寻求问题的解决。

近年来，引起舆论风暴的人物、事件数不胜数，内容和类型极为多样，诸如涉及民族和国家情感的事件、涉及名人的事件或者相关部门违规行为的事件都极容易迅速地成为舆论客体事件（李彪，2020）。

6.2.4 应急舆论传播渠道

应急舆论传播渠道是连接应急舆论传播主体和应急舆论传播客体的通路，如果没有该条通路，应急舆论传播便无法形成，因为其在应急舆论传播中具有极为重要的意义。

6.2.4.1 应急舆论传播渠道的类型

依据不同的标准，应急舆论传播的渠道可以有不同的分类。

首先，根据传者和受者关系，传播渠道包括大众传播渠道、组织传播渠道和人际传播渠道（王灿发，2018），这同样适用于应急舆论传播渠道的分类。

第一，人际传播是舆论传播最早期的渠道。人际传播关涉的意见主体数量较少，传播范围较小，传播的方式也较为灵活，咖啡馆里的对谈或者公园里的闲聊都构成人际传播。

第二，大众传播往往是在舆论接近形成或已经形成后做进一步扩散，舆论在量度和强度指标上因而获得进一步提升。大众传播的媒介以往是以传统媒体为主，他们能够覆盖较大的受众，也能较好地扮演"把关人"的角色，通过大众媒体传播的舆论是经过选择的，往往具有可信性和权威性。随着互联网时代如火如荼地到来，各种新兴媒体也正在大众传播中起到越来越重要的渠道作用。

第三，组织传播被限制在某个组织范围之内，信息传播很多时候是组织角色承担的权利和义务的实现，传播内容以组织相关的政策内容为主，由于受到组织结构的限制，传播效率往往最高。

其次，根据应急舆论传播者的性质，传播渠道可以分为普通个体、由普通个体构成的一般群体、舆论传播专业机构。而在这之中，舆论传播专业机构是极为重要的社会舆论生产和传播主体，他们主要包括新闻媒介、公关公司、民意调查机构、国家新闻发布部门。

第一，新闻媒介是最常见的舆论机构。由于舆论往往不具备自行整合的能力，所以当社会上充斥着各种意见时，新闻媒介可以起到"灯塔"和"引路人"的作用；如果社会需要正向舆论，新闻媒介无疑也能起到规范和指引作用。显然，跟其他传播机构相比，新闻媒介品牌优势更大，意见整合责任更大。

第二，公关公司可以通过掌控和引导舆论来进行危机管理。个人、企业、政府或社会组织都会通过专业的公关公司进行政治形象、个人形象、公司形象等诸多方面的打造，其本质是传播舆论，进而实现一定的传播效果。特别是在某些突发的危机事件中，公关公司能够利用专业化的舆论掌控和引导能力来扭转不利局面以及消除负面舆论。

第三，民意调查机构在舆论传播中更多起到辅助作用。他们能够收集关于民意的各种类型和内容的信息并进行相应的分析，从而为新闻媒介、公关公司、政府和其他社会组织进行舆论传播提供决策咨询。

第四，国家新闻发布机关隶属于政府，是最为权威的应急舆论传播机构。特别是当社会上出现不良的舆论氛围时，政府的新闻发布机关往往能够起到"定海神针"的作用。政府新闻发布机关的信息往往最具权威性，因而能够及时消除因信息闭塞带来的虚假信息流传等乱象，净化舆论空气。

6.2.4.2 应急舆论传播渠道的演变

1978年改革开放之后，我国的舆论传播经历了巨大改变，大致可以分为三个阶段（李彪，2020）。这三个阶段也是以"舆论渠道"为主要分界标准，并可以简单地概括成从"无网"到"有网"以及从"电脑网"到"手机网"。

首先，从1978年到1995年是第一阶段，该阶段的舆论渠道是传统的媒体，主要包括电视、报刊、广播。一方面，舆论传播的起点是传统媒体，经由群体传播或者人际传播，由传统媒体传递和分享的意见被逐渐扩散、接受、再扩散。另一方面，当舆论场中出现不和谐的声音时，传统媒体或者代表传统媒体的意见领袖也能起到很重要的引导作用。

其次，从1995年到2008年是第二阶段，互联网成为了舆论传播的重要渠道之一，舆论生态的栖息地也开始从传统媒体向网络进行了部分迁移。相较于传统媒体，通过网络发声更加便捷、更加自由和更加容易获得呼应，网络开始逐渐成为舆论热点的重要发源地，成为各种舆论意见交锋和整合的场所，也成为越来越多的传统媒体发声和进行舆论引导的场所。

最后，进入 2008 年之后，随着互联网终端从电脑向手机迁移，移动互联逐渐成为了最重要的舆论传播渠道。公众通过微博、微信、抖音等应用发表意见变得极为便捷，舆论信息的发源、不同意见的交锋、主导性的舆论观点的形成主要都是通过这些平台，包括应急舆论传播在内的各种类型舆论传播的速度、广度、深度都得到空前的提升。

6.3 应急舆论传播规律

应急舆论从无到有以及从有到消亡的过程是怎么样的？整个过程是否可以被清晰地分成几个阶段？每个阶段都呈现出什么样的具体特点？哪些因素会在应急舆论传播的过程中发挥重要的影响？这些都属于应急舆论传播规律的范畴，而如下也将主要分"应急舆论传播的过程""应急舆论传播的模式""应急舆论传播的影响因素"三部分对如上内容进行介绍。

6.3.1 应急舆论传播的过程

应急舆论传播的过程是指在应急管理中，舆论从形成到发展到成型直至消亡的一个阶段加一个阶段的发展演变的机制。舆论传播过程理论主要有三阶段论、四阶段论、五阶段论、六阶段论等，而这同样适用于应急舆论传播。

杜秉贤（1985）提出，舆论传播会经历三个阶段：（1）舆论客体的出现，它们可能是某个人、事、公共政策等；（2）舆论主体对舆论客体进行讨论并形成不同的观点；（3）不同的意见交锋和整合，并最终形成一个或几个主流观点。

刘建明（2009）认为，舆论传播有四个阶段：（1）个人意见的多样化和互相靠拢；（2）不同意见融合；（3）意见领袖介入并发表意见；（4）舆论形成。

陈力丹（2014）认为，舆论传播包含四个阶段：（1）社会的某个部分发生变动，突发事件刺激个体形成不同意见；（2）不同的意见在更大的群体中互动和融合；（3）权力组织及其领导人、大众传媒开始介入并形成舆论；（4）文化和道德传统对舆论始终构成制约。

王灿发等（2018）认为，舆论传播包括五个阶段：（1）问题发生与讨论：某些社会变动（如社会改革、政策调整）或长期困扰公众的社会问题都会刺激公众对这些问题进行思考和讨论。（2）意见产生与扩散：个体形成意见之后便会以人际传播、群体传播、组织传播的形式进行交流和分享，社会成员也不会进行机械传播，他们会补充、发展和延伸意见，一些意见的影响范围不断扩大。（3）意见领袖引导：出于各种目的，意见领袖会适时地提出指导意见，鼓励并引导公众正确地认识社会问题。（4）不同意见在整合过程中变得趋同：公众个体与个体之间、个体与群体之间、群体与群体之间会互相说服、劝诱、模仿、影响，从而形成某些方面的认识和心理整合，差异性的、个性的、琐碎的东西被抛弃，逐渐形成了一个或几个主流意见。（5）舆论最终形成：经过一段时间的互动与整合，不同意见的数量逐渐减少，从而形成了相对稳定的意见结构，舆论形成。

韩运荣、喻国明（2020）认为，舆论传播可以被分成六个阶段：（1）问题产生；（2）舆论领袖发表意见；（3）意见发表；（4）事实信息和意见信息获得传播；（5）各种不同意见的互动与整合；（6）舆论最终形成。

李彪（2020）提出，在互联网时代，舆论传播有六个阶段：（1）潜伏期：互联网技术极大地缩小了民意啸聚的时间，从突发事件发生到公众知悉的时间变得极短。（2）爆发期：突发事件一旦发生，公众会迅速获得信息，进而通过手机发表意见，舆论数量和烈度会在极短的时间内达到峰值。（3）蔓延期：在互联网时代，爆发期和蔓延期的界限不是那么清晰，蔓延期更像是火上浇油的阶段，舆论热度将始终保持在极为接近峰值的状态。（4）反复期：在互联网时代，信息渠道的丰富性使有关舆论客体的信息被不断地挖出来，这些信息可能会改变人们的意见，可能形成新的舆论热点；该阶段舆论的数量和烈度下降，但仍是舆论传播的重要阶段。（5）缓解期：迫于民意的压力，政府或其他社会力量介入，相关问题会得到完全或部分解决，公众的好奇感、兴趣点、不满情绪开始转移，舆论热度消退。（6）长尾期：舆论客体涉及的利益诉求较为多元，尽管对舆论客体的关注度下降，但不容易完全消失；由于信息储存方便，公众在任何时候都可以非常容易地调取信息，这使得舆论客体很难完全从公众视野或记忆中消失。

总体而言，如上阶段划分各有侧重，有的侧重传播主体所发挥的作用，有的聚焦传播内容，有的关注意见领袖的作用，但他们无疑都有助于我们更好地理解应急舆论从形成到消亡的具体机制。

6.3.2 应急舆论传播的模式

应急舆论传播的模式是指在应急管理的不同阶段，舆论从无到有、从启动到形成遵循的规律，主要包括舆论的启动模式和舆论的形成模式。

6.3.2.1 舆论的启动模式

根据舆论启动的触发点的属性差异，舆论启动的模式可以分为信息爆料的启动模式和情绪点燃的启动模式（李彪，2020），这同样适用于应急舆论。

第一，信息爆料的启动模式是指某些人、组织、机构的可疑行为被揭发，这些被揭发出来的信息内容触犯了法律或道德，从而引爆了舆论场，这种启动模式的特点是：舆论客体、主体往往具有一定的知名度，二是这些事件蕴含的内容往往跟人们一般遵循的道德观或价值观相违背。

第二，情绪点燃的启动模式是指舆论客体关涉的事件撩拨了公众心中共同的敏感部位或唤起了刻板印象，因此，这种被激起的情绪总是会迅速传播，并引起共鸣。该种模式主要关涉三种情绪：同情为主，伴随愤怒；戏谑为主，伴以调侃和幽默；社会转型期价值观多元触发的情感冲突。

在互联网时代，舆论的启动是在短时间内完成的，同时，信息爆料和情绪点燃往往夹杂；但是，仅有启动过程并不意味着舆论一定会形成，从舆论启动到最终形成仍然需要满足一定的条件。

6.3.2.2 舆论的形成模式

舆论的形成模式是指舆论启动之后，从不同的个人意见到意见被整合而形成一种或几种较具代表性的意见所表现出的一般规律性。依据不同的标准，舆论形成模式也可以有不同的分类。

首先，根据舆论形成在速度、数量、时间、空间等方面的特点，舆论的形成模式可以分为平稳模式和爆发模式（刘建明，2001）。

① 平稳模式是由社会问题和矛盾的深刻性、全局性和非危机性所决定的，舆论客体一直都在，但较难很快克服和解决，于是，个人意见互相交流、碰撞、整合、沉淀，最后才形成舆论。

② 爆发模式是指有关某些突发事件的意见突然聚集，并迅速达到一定的数量和声势，这种模式一般是由突发事件引起的，但在突发事件以前，某种社会情绪其实业已形成。这种模式也被称作"爆米花"模式，玉米粒在容器里经过高温翻炒，温度达到临界点，就会怦然爆炸，形成巨大的声浪和热浪。

其次，舆论的形成模式还可分为公开和隐蔽模式（李广智等，1989）。

① 公开模式指舆论的形成是通过大众媒介或在公开场合生成的。这种模式往往意味着个人意见或群体意见得到了充分的交流、碰撞、整合，同时，公众针对某些问题的不满情绪也得到了较好的纾解，而舆论的最终公开化其实有利于推进国家民主政治发展。

② 隐蔽模式是指舆论的形成不见于公开场合，却存在于个人与个人以及群体与群体之间。如果不同的个人意见或群体意见不能得到充分交流与碰撞，不能在意见交锋中得到澄清和化解，个人意见和群体意见中的不满成分就会越积越多，越积越深。此时，如果某些突发事件触发了这些潜藏的不满，造成负面影响会相当大。隐蔽模式对社会正常运转并不利。

最后，依据对人类评价的理性和非理性分类，舆论形成的模式还可以分为理性模式和操纵模式。

① 理性模式认为，公众具有充分的理性，意见交流和碰撞是以理性方式进行的，公众能够通过意见交流和分享生成理性意见加总，并最终形成舆论。

② 非理性模式认为，公众具备理性的前提是他们能够掌握足够的信息和具备较强的逻辑分析能力，但这两方面条件很难同时满足，现实情况是传播者为了实现某些目的还会利用接受者在这两方面的不足而对他们进行刻意的误导。

6.3.3 应急舆论传播的影响因素

应急舆论传播会受到传播者、接受者、媒介、内容、环境、传播方法和手段等诸多要素的影响，具体来说，相关影响可以概括为四方面内容。

① 公众个体能够自由和自主地发表意见是应急舆论形成的重要基础。在面对同一个舆论客体时，不同公众个体的信念、认知、情感、情绪、态度会发生交锋，在公众不受控制的前提下，最终会有一种或几种代表性的意见形成。

② 公众所处的社会氛围会对应急舆论的形成产生积极或消极的影响。如果公众总是乐于分享和交流信息，交流的渠道畅通，舆论就容易形成，舆论的正向功能也易于发挥；如果公众互不信任，或者互相交流分享并不被鼓励，舆论就不容易形成，舆论对社会运行进行有效监督的作用自然也就发挥不出来。

③ 舆论环境同样会对应急舆论的形成产生影响，它是指舆论形成的宏观和微观条件的总和。前者包括社会、经济、政治、文化和意识形态等条

件；后者指不同领域、不同类型、不同层次的舆论相互影响、渗透所形成的舆论条件。相较于社会氛围，舆论环境更加具体以及更容易通过一些指标来测度。

④ 媒介是舆论形成的必要条件。舆论的形成离不开媒介，没有媒介，个体或群体的意见就不能传播，舆论就无法形成。除了传统的报纸、广播、电视等媒介，网络业已成为应急舆论传播的主要媒介，特别是依托移动网络的微信、微博、抖音、快手等软件已经成为了当下最重要的应急舆论媒介。

6.4　应急舆论传播调控

在应急管理中，突发事件来得很突然，可能已造成或有非常大的可能会造成巨大的破坏。公众的情绪会通过互联网等发表意见和传递信息，有些消息难辨真假，不加控制和引导将会造成社会失序或者引致其他问题，故而做好舆论调控就极为重要，这将有助于保持公众心理稳定，及时化解社会矛盾，防止社会冲突，从而有效维护社会平稳有序运行。本章如下将对应急舆论传播调控的目的、前提、方法等内容进行介绍。

6.4.1　应急舆论传播调控的目的

总体而言，应急舆论调控的目的是在应急管理的不同阶段形成正向和积极的舆论生态，从而帮助改善和提升应急治理。学者们对舆论调控的目的进行过不同的界定，尽管各有侧重，但主要都是旨在提升社会治理，这些同样也适用于应急舆论调控。

韩运荣、喻国明（2020）认为，舆论调控的目的是对舆论中的"非理性-理性"关系以及"有机性-无机性"关系进行充分调和，通过舆论调控，无序的舆论可以获得引导，舆论当中的非理性成分可以得到削减。

杨逐原（2020）认为，在新媒体的环境下，充分利用新媒体手段和方法进行舆论调控可以极大地提升中国的国际话语权，可以化解经济社会转型时期各种矛盾；可以加强社会主义文化建设；可以提升网络治理能力，治理网络暴力、网络"喷子"、网络"黑社会"，提升网络道德自律和网络平台内容水平。

卢毅刚（2012）提出，舆论调控的目的包括：夯实社会主义民主政治的基础，协调政府部门与民众的利益关系，实现新闻媒体与受众的良性互动。

6.4.2 应急舆论传播调控的前提

在明确了传播目的和决定采取什么样的方法和手段进行调控之前，舆论调控主体往往需要对舆论传播的现实状态和发展态势进行分析判定，这是进行调控的前提，且主要可以从定性和定量两个方面展开，而舆论核、舆论数量、舆论质量、舆论强度、舆论持续时间等是常用的分析预判指标。

6.4.2.1 舆论核和舆论数量

舆论核同舆论数量是两个相关联的概念。

舆论核是在舆论形成过程中出现的不同意见的最大公约数。作为舆论客体的人或事总是处于不断变化中，因而，关于舆论客体的意见越聚越多，舆论的外延越来越大，但是，所有这些互相关联的意见最终都指向同一个内核，这个内核在人们的心头盘踞最久，也能够获得"最多数人"的共鸣，这就是所谓的"舆论核"，我们也可以近似地把"舆论核"跟"舆论"当成同一个概念。

舆论数量是一个百分比的概念。舆论（或者说"舆论核"）是能引起多数人共鸣的意见，那么，多少人算是"多数人"？这就是所谓的"舆论数量"，它是个百分比。例如，针对某个热点事件，如果总体中仅有百分之十的人持有相同意见，我们就绝对不能把这个意见界定为"舆论"。

学者们其实并未就舆论形成的百分比该是多少达成共识。有学者认为黄金分割比例0.618可被当作是"多数"；有学者提出可以简单使用"三分之二"这一数字；还有学者提出，在移动互联网时代，如有占到总体20%的个体持有相同的意见，就可认为舆论已形成。

6.4.2.2 舆论质量

舆论质量指的是舆论中理性成分的占比。任何观点中都会同时存在理性和非理性成分，但何谓"理性"？何谓"非理性"？这需要我们去进一步考察哪些因素会影响到舆论观点的形成。

一方面，舆论主体的利益与舆论客体是否相关？舆论总会蕴含着某些基本的价值判断，如某件事或某个人的"好坏"或"对错"等，而一旦舆论主体的利益与舆论客体有相关性，他们意见的客观中立性就不能得到保证，舆论理性也将难得到维护。例如，学校决定取消在学校门口设立的共享单车摆放点，该措施是好还是坏？学校和学生的意见可能会不同，原因就在于双方的利益诉求不同，学校会考虑管理的便利以及安全等因素，而学生则会更多地考虑出行便利。

另一方面，理性观点的形成条件是否具备？这包括三方面内容：一则，舆论主体能否掌握足够的有关舆论客体的信息，这是理性观点形成的物质保障；二则，舆论主体是否具备一定的逻辑分析能力，如果舆论主体采用不合逻辑和不够科学合理的分析方法，他们将无法获得客观理性的结论；三则，舆论主体必须能够足够自由地去发表意见，不同观点的互相交锋将有助于理性观点的形成。

综上可见，舆论主体同舆论客体的利益相关性越弱，理性舆论就越容易得到保证；类似地，舆论主体所掌握的有关舆论客体的信息越充分，逻辑分析能力越强，越能充分和自主地发表意见，理性舆论就越容易得到保证。

6.4.2.3 舆论强度

强度是用来表示工程材料抵抗断裂和过度变形的力学性能指标，而"舆论强度"则是指舆论主体关于舆论客体的态度、信念等的轻重和易变程度，舆论强度越大，其表征的意见一致程度就越高，意见也越不容易被改变和侵蚀。

刘建明（2012）曾使用舆论波来表征舆论的强度，被广泛接受，舆论波包括人们的社会行为波和意见波两方面内容：

一方面，社会行为波是人们的共同思想转化成行为，用行为的方式来扩散舆论，例如，2016年12月，大批韩国民众聚集在首尔的街头，表达对政府的不满，并且要求时任总统朴槿惠下台，这就是所谓的社会行为波。另一方面，意见波则是指人们通过议论、演讲等形式来表达内在的态度。陈力丹（2012）曾将舆论主体的态度分成了七个等级，分别是略加肯定、肯定、非常肯定、中立、略加否定、否定、完全否定，如果任何一种态度达到了总体的三分之一左右，便可认为舆论形成了。

此外，廖卫民、柯伟（2010）还根据舆论能量和动力来源对舆论强度进行了分级，主要包括舆论涟漪、舆论风浪、舆论涌浪、舆论内波、舆论潮波、舆论海啸、舆论风暴。

舆论热点一旦出现，就如同在一片平静的湖面上投入一颗石子，会荡起层层的舆论涟漪；舆论风浪是指由某一事件引发公众讨论，并在一定的范围内形成了公共意见或共同的行为；舆论涌浪是指公众对事件涉及的其他议题所形成的舆论；舆论内波是指在某些公众群体内形成的统一意见；舆论潮波源自社会风尚或者观念意识的持续变迁和更新，它会不断地对新形成的舆论产生影响；

舆论海啸是指某些突发事件而引发的舆论爆点，声势如同海啸；舆论风暴则是指持续时间长、影响范围广泛、集聚了巨大社会能量的舆论。

6.4.2.4 舆论持续时间

舆论持续时间是指舆论从产生到消失的时间长度，也称"舆论韧性"，其从几小时、数十小时、数年到数十年不等。舆论持续时间是舆论的基本属性，反映了舆论的影响力和生命力，且主要与人们的持续关注和讨论密切相关。

一般而言，舆论关乎的问题越重要，公众和媒体的关注度越高，舆论持续时间就会越长。此外，长时间存续的舆论可推动社会问题解决，促进社会进步和发展，还可影响公众的行为和态度，从而形成一定的社会风气和价值观。

总体而言，应急舆论传播调控的主体需要对如上诸多因素做综合考虑：已经有多少人持有相同的意见或者观点、在目前总人口中占多大的比例、舆论相关意见蕴含了多少理性和非理性的成分、公众对他们所持观点的笃信程度、舆论已经持续了多长时间以及目前处于何阶段，这些都构成了他们在明确调控目的之后决定采取什么样的调控方法的基础。

6.4.3 应急舆论传播调控的方法

舆论调控的方法在不同的情境中有一定的适用性，总体来说，在应急管理的情境中，新闻媒体要善于把握舆论引导时机、节奏、力度、分寸、效果、技巧；在突发公共事件引导方面，要及时准确、公开透明、依法依规、遵守职业道德、统筹规范和把握方向尺度。此外，舆论调控都要坚持正确导向，要做到所有工作有利于坚持中国共产党领导和社会主义制度，有利于推动改革发展，有利于增进各族人民团结，有利于维护社会和谐稳定（《新闻学概论》编写组，2020）。许多学者就舆论调控方法进行了界定，而这些也大多适用于应急舆论传播的调控。

韩运荣、喻国明（2020）认为，一方面，舆论调控应当从传统的"一面说"向"两面说和多面说"过渡：前者指针对某一社会问题或新闻事件，只报道单方面意见，而对其他意见不予披露；后者指在进行意见传播时，不但要强调调控主体的主张，而且要有意识地传播其他意见（特别是反对意见）。另一方面，舆论调控要对意见领袖做引导和控制，要积极主动地在舆论调控的同时解决问题，抓住关键问题和关键人，舆论就能获得较好的引导；同时，也可适当地采用转移热点的策略，这有助于解决一些有较长历史、短时间难化解的棘手问题。

陈力丹（2012）对舆论调控的方法进行了较全面的总结，他提出针对不同类型的舆论，调控主体需要采用不同的方法。

① 情绪性舆论的调控需要分阶段进行。在第一阶段，由于外界信息的刺激突然出现，公众的情绪开始显现并散布，此时大众媒介应当迅速做出反应，提供相关信息，给予理性指导，减小公众对于外界压力的感受，该阶段是舆论引导的重要阶段；在第二阶段，公众已经从最初惊慌转变为以某种持续情绪跟外在压力对峙，此时大众媒介应当采取措施转移、分散公众情绪，多做使公众适应新环境、新问题的工作，防止一部分人的情绪大幅度感染周边人并进而在更大范围内传播；在第三阶段，如果公众情绪没有得到很好控制而进入显性舆论阶段，媒介应当借助自身的信誉和理智的力量，用深刻而明确的言论给予公众引导。总体来说，对于负面情绪的引导，越早越好，越及时越好，做到这点需要媒介从业者能够跳脱自身情绪限制，对大众舆情保持警醒和持续的清晰思考。

② 行为舆论的调控包括扶持正面行为和抑制负面行为两方面内容。一方面，媒介需要鼓励各种有利于社会正常运转的群体倡议和社会活动，从而在此方面造成"从众"的局面，这可以有效地抑制负面行为舆论的产生；另一方面，对于负面的舆论行为，还需要谨慎地进行报道，并且以客观方式降低这些行为的关注度，不要在负面的舆论行为高涨之时同他们针锋相对。

③ 信息型舆论的调控最需要调控主体持续提供准确的信息。公众不断地制造各种关于突发社会事件的信息并进行传播，这是他们消除心理不确定性的表现，公众传递带有倾向性的信息是希望他人移情，通过他人的认同来获得心理满足或减轻不确定性给自己带来的认知压力。此时，舆论调控主体要及时准确地提供公众所需信息，这有助于减缓公众由于信息不确定性而产生的心理焦虑。

④ 观念形态舆论的调控可通过提供接近性的参照系观念实现。观念形态的舆论通常是公开表达的关于社会问题的显性舆论，公众会依据自己的信念和经验形成对某些社会问题的态度。在面临突发事件时，公众会对媒介提供的观念参照系进行审视，而公众往往容易接受同他们所持的信念和经验接近的参照系。

⑤ 艺术形态舆论的调控重点是要防止舆论共振。公众中的一部分人习惯通过音乐、文学、舞蹈、绘画等艺术作品来表达情绪和意见，这种舆论形态的

威胁在于短时期内就可能形成舆论共振，而不同的意见则很难立足。此时，调控主体不宜过多地发表针锋相对的意见，而应该客观地展现多种不同的观点，从而减缓意见过于集中而带来的对社会稳定的威胁。

6.5 案例分析

请阅读如下案例❶并结合本章以及前述几章中的知识点回答：①应急舆论主体和客体分别包括哪些？②舆论启动的模式是什么？③舆论形成的模式是什么？④舆论传播的渠道是什么？⑤在突发事件应对过程中，舆论调控主体遇到了什么样的问题以及有针对性地采用了哪些舆论调控的方法？⑥该案例涉及了应急管理中的哪些体制和机制内容？

一、深圳光明新区渣土受纳场滑坡事故梗概

2015年12月20日中午11时42分，广东省深圳市光明新区凤凰社区恒泰裕工业园发生山体滑坡，造成33栋建筑物被掩埋或者受损，73人死亡，4人下落不明，17人受伤。事故所在地相关部门随即启动应急响应，12月20日，深圳市政府成立了光明新区滑坡救援现场指挥部，下设现场搜救、新闻发布、医疗保障等12个工作组，开始突发事件应急相关工作。12月23日上午，国务院深圳光明新区"12·20"滑坡灾难调查组在深圳成立，调查组由国土资源部牵头。广东省委、省政府和深圳市委、市政府贯彻落实党中央、国务院决策部署和指示要求，组织协调国家有关部委、解放军、武警和公安消防等力量开展应急处置，现场救援处置措施得当，信息发布及时，善后工作有序，受灾人员以及企业得到及时安抚和安置，在事故应急处置中无次生灾害、无衍生事故、无疫情暴发。但是，该起事故仍然造成重大损失，最终核定事故造成直接经济损失约8.8亿元人民币，其中人身伤亡后支出费用约1.6亿元，救援和善后处理约2.1亿元，财产损失5.1亿元。2016年7月15日，国家安全监管总局公布事故调查报告，认定这是一起特别重大的生产安全责任事故，涉事企业以及所在政府相关部门工作人员均需不同程度地对事故责任负责，同意对事故责任人员及责任单位的处理建议，对110名责任人员提出处理意见。

---

❶ 该案例来自社会科学文献出版社的《应急管理典型案例研究报告（2017）》，国家行政学院应急管理案例研究中心主编。

二、"12·20"滑坡事故的"舆情发展"历程

1. 舆论爆发期（0~4小时）

第一则事故报道出现在滑坡事发后一个半小时左右。2015年12月20日13时3分,"@深圳消防之窗"发布消息称：12月20日11时40分,光明洪浪村煤气站旁山体滑坡,接警后,"119"迅速调集光明、公明、特勤二中队共计7辆消防车、30名消防员到场处置。山体滑坡造成一栋楼坍塌,坍塌范围较大。现场有人被困,消防正在搜救被困人员。同时,各增援力量正赶往现场。

根据这一消息,一些媒体开始调动、整合新闻资源,启动突发事件应急报道机制。新华社的报道出现在两个半小时之后,并在各大网站转载。之后,中央电视台、中国新闻网进行了报道,人民网也都加入报道。与此同时,央广网、中国青年网、南方网、深圳新闻网、东方网、新浪网、腾讯网、凤凰网、网易等门户网站也对此消息进行了转载和播报。至此,事故的新闻价值进一步凸显。各家媒体开始制作专门页面,开设专栏对事故进行全方位报道,这些都对事故的网络传播起到了"扩音效应"。

从这一波舆论发展的态势来看,网络是信息传播的主要平台。各大媒体为了抢抓新闻,纷纷利用自己的网站和"两微一端（微信、微博、新闻客户端）"发布信息,内容主要采自最早掌握信息的官媒,相对客观、真实、可靠,未出现大面积的谣言传播。

2. 舆论的升温期（4~24小时）

事发5小时之后,救援指挥部举行了第一场新闻发布会,成为媒体报道的焦点。这场发布会的新闻通稿有693字,分为"事故损害情况""救援投入力量""相关领导指示""省市领导工作部署"4个层次。

但是,最终引发各大媒体竞相报道的是《深圳山体滑坡首场发布会：22栋楼房被埋》《尚有27人失联》这样的新闻标题。与此同时,网络上有媒体曝出41人失联的信息,显然,官媒和网络上的信息出现了不一致。

2015年12月20日19时,党和国家领导人对抢险救援工作做出批示,各大媒体也开足了马力进行报道。一些媒体的议题设置不再局限于事故救援进程,而是转向"原因和真相"。有网友评论说："无序开发及不做事先的风险评估,是这场灾难的祸端。"也有网友追问道："弃土场是否合法？收费是否合理？政府相关职能部门有没有管理？现场又是如何管理的？"

2015年12月20日23时15分,救援指挥部举行了第二场新闻发布会,

由于这次发布会召开的时间临近午夜，多家媒体只做了简要报道，信息传播范围并不广。12月21日9时，媒体从指挥部的第三次新闻发布会上获悉失联的人数上升为91人时，舆论进一步升温。在短短16个小时之内，失联的人数从27人上升为59人到91人，大大超过了社会可接受数量。面对这样一个人人都不愿意接受的灾难，媒体报道开始转向，朝着事故原因和性质的方向追问。

从这一波的舆情发展来看，新闻发布会是媒体报道的权威信息源，媒体往往给予高度的关注和期待。但是，媒体报道的焦点通常与政府希望媒体报道的焦点发生"偏差"：最初，媒体偏爱"失联人数扩大"这一"坏消息"，政府对"失联人数"认真核对，谨慎发布。而当政府坦诚释放"坏消息"时，媒体则开始追问事件的性质和原因。此时媒体以"合法挑战者"的身份出现，以公平正义之名对危机进行"强势审判"。在政府看来，这可能会激发社会愤怨，媒体应当配合政府，越是遇险人数多、灾难大，媒体越应当向社会传递政府全力救援的决心和措施，并以此抚慰遇险者家属，凝聚全社会的信心。显然，这种不符合政府预期的"偏差"是客观存在的，它源于媒体与政府这两个主体在社会角色、利益追求、价值取向等方面的差异。这种偏差也让政府感受到了步步逼近的舆论压力。

3. 舆论震荡期（24～72小时）

在这一阶段，网上关于"深圳滑坡系人工堆土垮塌，原有山体没有滑动"的信息逐步传播，各种相关的负面信息也开始传播。

就在网络和媒体质疑深圳山体滑坡"到底是不是天灾"之时，"@国土之声"发布消息称："深圳光明新区人工堆土垮塌事件，国土资源部高度重视，已成立工作组赶赴现场指导帮助地方开展抢险救援。"

尽管指挥部召开了三次新闻发布会进行信息发布，但对媒体关心的事故原因及性质，未给出明确答复。对于这一敏感问题，政府选择不回应，压力巨大；选择回应，却没有任何可以供给的"有效"信息，舆论也难免会质疑深圳市政府可能"揣着明白装糊涂"、有意将错就错，甚至刻意混淆视听。

值得庆幸的是，在72小时黄金救援期即将结束之时，12月23日，19岁重庆小伙儿田泽明被救了出来，帮助深圳市缓解了部分舆论压力。20分钟之后，指挥部召开新闻发布会，通报救援过程及其医疗救治情况。田泽明获救给失联者亲属们增添了一丝希望，给救援队伍增添了一份信心，给社会增添了一份温暖。在这一时间节点上，舆论场之内还又多了一些科学救援、指挥部不停止搜救、加大救援力度的报道。

这一阶段舆论态势相比于前两个阶段，有波动和震荡，表现为大量负面、有深度、有力度的评论性议题持续涌现，批评深圳的公共安全管理问题，焦点集中在"天灾还是人祸？""经济光鲜与安全乱序""社会呼吁与安全管理不作为"等议题。这些议题给深圳市的政府形象带来了一定的负面影响。

4. 舆论回落期（72～144 小时）

在这一阶段，善后安置工作成为主流媒体的报道重点。其间，救援指挥部共召开了三次新闻发布会进行善后情况通报，向全社会做出诚恳道歉。总体来看，这三次发布会未掀起大的舆论波澜。

2015 年 12 月 25 日召开了第十场新闻发布会，广东省委常委、深圳市委书记带领相关领导班子成员及光明新区主要负责人出席了新闻发布会，向社会和受难群众和家属做出诚恳道歉。

与此同时，鉴于这场事故中舆论场表现出的平稳态势，新华社等媒体加以肯定，这些报道在网上得以广泛传播。

三、"12·20"滑坡事故舆论危机处置

纵观该次突发事件从发生到最后基本得到处置，舆论危机的处置主要由四部分内容构成：一是启动新闻应急指挥体系，二是进行信息发布，三是开展舆论引导，四是服务并管理媒体采访。

1. 新闻应急指挥体系的架构与工作机制

新闻应急指挥体系是做好舆论危机管理的基础，主要包括六部分工作内容。

第一是在前方成立了新闻宣传联合工作组，由中央、省、市三级相关部门的负责同志组成，统一领导信息发布和舆论引导工作。

第二是设立新闻中心，分设新闻发布、媒体接待、境外媒体管理、网络工作、协调联络、后勤保障 6 个小组，由深圳市委宣传部新闻、外宣、外事、网宣、网管等相关处室负责人和光明新区新闻宣传工作负责人担任组长。

第三是组建救援指挥部新闻发布组，由深圳市新闻办主任和宣传部一名副部长分任组长（AB 角），全面负责与事故相关的记者采访、信息发布、舆情监测与引导等工作。

第四是启动"全市舆情综合应对指挥中心"的战时工作机制，在后方进行舆情监测与研判、舆情报告撰写，以及跨部门协调处置等工作，全力支撑前方信息发布工作的有效展开。

第五是实行 24 小时值班制度，在新闻中心、现场指挥部和舆情应对综合

协调中心分设 3 组值班员实行 24 小时值班，保证前方指挥部各项指令及时传达及前后方信息的共享。

第六是建立信息共享平台，组建 2 个微信群，一个是"宣传工作微信群"，另一个是"境外媒体工作微信群"。

2. 信息发布的过程与特点

公开透明是现代法治的基本要求，而信息发布作为一种较为主动积极的信息公开形式，起着缩小公众与政府信息鸿沟，加强政府与公众联系，提升政府公信力、执行力，保障人民的知情权、参与权、表达权、监督权的重要作用。

事故指挥部共计召开了 10 场新闻发布会和 1 场情况通报会，综观这"10+1"次信息发布，主要有四个特点：

第一，发布次数多、频度高。在事发 12 个小时内，召开了 2 场发布会，20～23 日共召开 7 场发布会，几乎每半天 1 场。这些发布会主动及时、公开透明地持续发布重要信息，主导了媒体报道议程，满足了公众知情权，最大限度地挤压了谣言传播空间。

第二，发布层级高、可信性强。深圳市各领导先后参加新闻发布会，这保证了信息的权威性和准确性，也向社会传递了政府对于事故的责任、态度和担当。

第三，发布速度快、主动及时。在 10 场新闻发布会中，有两场新闻发布会分别是在 23 时 15 分和早上 7 时召开的，"第一时间策略"得到充分彰显。

第四，发布联动性强，传播度高。实行全媒体联动发布，凡是在发布会上来不及发布的信息，都通过网络平台推送。

3. 舆论引导的方法与手段

事故舆论引导的方式主要包括：调控媒体新闻报道基调、设置议题广泛传播、充分释放信息覆盖舆论场、加强网络管理和引导。

第一，调控新闻报道基调，避免次生舆情风险。"科学引导、理性引导、温情不煽情"是基本原则，凡是与灾难悲伤气氛不协调，易于引发质疑炒作的正面题材，一律不报道。

救援指挥部吸取了以往突发事件主流媒体新闻报道产生次生舆情灾害的教训，对于消防员救援现场火线入党、新闻通稿突出领导重视等内容一律不安排媒体宣传。对于首名幸存者田泽明获救、深圳各界捐款捐物献爱心等也只进行适度报道，力图在信息源头上避免产生负面舆情风险。

第二，主动设置议题，创新传播方式。事故新闻宣传小组组织撰写了多篇评论，目的是把网民关注的焦点引向救援、善后安置、家属安抚等一些重要问题上，引导公众理性地看待事故，不过度发散。

组织南方网对重点文章进行二次创作，制作系列动画纪实作品在救援处置和舆情发展不同阶段适时推出。考虑到分众化、差异化传播背景下，一套话语满足不了所有人，制作不同风格动画，或配以激昂斗志音乐，或配以舒缓温情音乐，给公众以强烈视觉冲击力和情绪感染力，起到了良好的正面传播效果。

第三，充分整合媒体资源，大量释放信息覆盖舆论场。截至2016年1月18日16时，中央、省、市媒体和新闻网站共刊发稿件6396篇，深圳市各媒体共刊播1400篇相关报道，发挥了舆论引导主力军作用，在舆论引导方面发挥了"领头羊"作用，为整个舆论态势向好发展提供了强有力的支持。

信息是否被有效接收，与覆盖范围、发布次数、受众关注程度等有密切关系。在通常情况下，发布范围越广、次数越多，受众关注越强，信息传播效果就越好。

第四，加强网络管理，突破网络评论一律唱赞歌套路。针对网上不良信息，采取"先抑后扬"策略，首先指出事故不该发生，继而肯定信息发布及时透明，强调理性看待；对一些批评帖子，只要不涉及造谣生事、恶意攻击，容许其存在，同时用积极正面跟帖去平衡，这维护了网民表达乃至宣泄情绪的权利。

从传播学角度看，这属于"参与式传播"，为受众提供足量信息和正反两方面观点，不做说教和发号施令，让受众自己做出判断和选择。

4. 媒体服务与管理的主要工作内容

在事故发生后，共有境内外的82家媒体537名记者参与了事件报道，提出了各种各样的采访、食宿、交通的要求，深圳积极面对挑战。

第一，后勤保障。2015年12月21~25日，平均每天的用餐人数为150~250人，用房量为130~200间。在新闻宣传前方联合工作组领导下，光明新区宣传部门配合市委宣传部，负责媒体记者住宿用餐安排、记者登记管理、采访证制作发放、车辆调配、会务准备、通信设备等各项后勤保障工作，受到认可。

第二，核心区采访管理。初期救援现场存在次生灾害的隐患，救援指挥部会拒绝媒体在第一时间赶往核心区进行采访。宣传部门与警方在事故现场协调设置警戒线和采访区，对进入事故核心区记者实行凭证管理，得到多数记者理解。

第三，素材供给。深圳市宣传部门除了给记者提供新闻发布会通稿外，还设立公共邮箱、微信群。通过微信群，深圳市新闻办发布采访线索和重要通知。对记者不合理要求或不理解情绪，也通过微信群来说明和疏导。对微信群中一些外国媒体记者发出的不和谐声音，境内媒体记者也会主动进行引导或反击。

复习思考题

① 简述舆论的定义和功能。
② 舆论主要可以分成几种类型？
③ 什么是舆论场？
④ 作为应急舆论主体的网名有哪些特征？
⑤ 简述应急舆论传播"六阶段论"。
⑥ 什么是应急舆论的启动模式和形成模式？
⑦ 可用于表征应急舆论现状的指标主要有哪些？
⑧ 应急舆论调控的方法主要有哪些？

第7章

应急国际传播

我国于 2024 年 6 月最新修订和颁布实施的《中华人民共和国突发事件应对法》明确提出，中华人民共和国政府在突发事件的预防与应急准备、监测与预警、应急处置与救援、事后恢复与重建等方面，需要同外国政府和有关国际组织开展合作与交流，这即属于本章"应急国际传播"的重要内容。具体来说，本章内容主要包括：应急国际传播的界定、应急国际传播者、应急国际传播受众、应急国际传播内容、应急国际传播方法和手段、应急国际传播效果等。

7.1 何谓应急国际传播

应急国际传播是国际传播的一种具体类型，那么，何谓"国际传播"？国际传播是大众传播的一种具体类型（程曼丽，2023），它跨越了国境，并具备大众传播的一般属性和特征。国际传播从出现到形成发展经历了漫长的演变过程。因而，如下将首先对国际传播相关内容进行回顾和梳理，这将有助于我们理解和界定其下位范畴"应急国际传播"以及对应急国际传播相关内容进行介绍。

7.1.1 国际传播的界定

按照不同的标准，传播可以有不同的分类：依据传播主体的不同，传播可以分为人内传播、人际传播、群体传播、组织传播、大众传播；依据传播范围的大小不同，传播可分为国内传播和国际传播。根据传播学者程曼丽（2023）

的界定：国际传播是大众传播的一种特殊类型，并且，国际传播是大众传播的国际化过程，是大众传播向外延伸的部分；国际传播是对传播技术高度依赖的传播形态；国际传播是多重控制下的传播。此外，有关国际传播的界定有广义和狭义之分：狭义的国际传播是指如上所说的跨越国境的大众传播；广义的国际传播除了包含跨境的大众传播，还包括跨越国境的人际传播部分。

  总体而言，国际传播者将面临相较于国内传播更为复杂的任务。他们要面对处于完全不同文化、制度、语言以及其他类型环境中的复杂和多元的传播受众（也称传播接受者），要采用不同于国内传播的媒介、方法、手段来开展国际传播业务。而当今国际传播较为成熟的发展状态也不是一蹴而就的，国际传播从出现到形成再到成熟经历了漫长的历史发展过程。因而，如下将对国际传播的沿革进行回顾，这有助于我们更好地理解"国际传播"及其下位范畴"应急国际传播"。

7.1.2　国际传播的沿革

7.1.2.1　早期的国际传播

  早期的国际传播是指公元 15 世纪古登堡发明金属活字印刷术之前的国际传播，它出现的前提条件是"阶级"和"国家"相继出现。

  阶级和国家的出现为早期国际传播的出现奠定了基础。在距今约八千年的原始社会晚期，阶级开始出现，为了维护阶级的既得利益，国家这一社会组织形式随之在世界各地建立，且以相似国家的聚集为基础，还出现了中南美洲文明区域和欧亚文明区域：前者包括玛雅文明、印第安文明等；后者包括埃及文明、古巴比伦文明、印度文明、中国文明等；在这之后还出现了古希腊文明、古希伯来文明、波斯文明等，以及文明程度较为发达的古希腊和古罗马帝国，所有这些都为国际传播的出现打下了基础。

  全球范围内陆续出现的大小国家都使得发生国际传播的基础越来越夯实，国与国之间交流的范围越来越广，内容越来越丰富，手段和方法也越来越多样。例如，中国在西汉时期（公元前 200 年左右）出现了较大规模的对外交流，张骞出使西域就是典型的国际传播，他的出使队伍一直行进到了中亚、西亚地区，形成了著名的"丝绸之路"；越来越多的沿线国家也开始经由丝绸之路去往中国，跨国贸易和人员的交流都使得国际传播越来越繁荣，直至唐朝（约公元 600 年—900 年），长安已成为当时世界性大都市和中外文化交流中心，各国都会派出庞大的外交使团到访长安。再例如，15 世纪之后的大航海时代，欧洲国家纷纷开辟通往东方的新航路，还发现了美洲新大陆，这使得原本并没有交流沟通的几个大洲豁然连通起来，从而为他们之间的国际传播的萌芽和发展提供了先决条件。

总体而言，在古登堡金属活字印刷术出现之前，国际传播的发展始终处于酝酿期，而随着国际贸易规模的不断扩大，国际传播也始终处于成长之中，直至古登堡金属活字印刷术的出现，国际传播才迈入了一个新的历史时期。

7.1.2.2 印刷媒体时代的国际传播

从15世纪到18世纪中后期是国际传播的印刷媒体时代，也是国际传播网络体系初成期。该时期国际传播发展的首要动力是古登堡金属活字印刷术的发明和应用；此后，第一次工业革命爆发，这进一步推动了国际贸易大发展和国际传播大繁荣。

印刷术对国际传播的推动作用不是一蹴而就的。早在我国的宋朝，毕昇就发明了活泥字印刷术，这极大地促进了传播的发展，在这之前，手抄书籍是人们进行传播的主要方法，但效率极低，而我国的印刷技术也很快传到了欧洲。15世纪，德国工匠古登堡发明了金属活字印刷术和印刷机，这促进了欧洲社会的全面发展。而在此之前，欧洲的文盲率极高，而由于印刷成本的大幅降低，教育开始变得普及，欧洲社会的经济和文化水平得到了显著提升。特别是随着近代报业于17世纪在德国诞生，资产阶级更是充分地利用报纸来传播他们的思想和转载于他们发展有利的各种信息，这进一步促进了国际传播的大繁荣。

到了15世纪末，欧洲的资产阶级为了寻找更大的市场和更多的资源开始了向其他大陆的探索式扩张，并在航海过程中发现了通往亚洲和美洲的新航线，之后更是发动了对亚非拉国家的入侵，意在在全球范围内进行殖民掠夺。当然，随着他们的航船、货船、炮船不断地驶往殖民国家和地区，他们的报业形态也随之漂洋过海而去，这是大多数殖民地国家的首份报纸都是由殖民者创办的原因。在欧洲资产阶级不断对外扩张的过程中，欧洲、亚洲、非洲、美洲之间的国际传播规模逐渐扩大，并一直持续到了18世纪的中后期。

第一次工业革命的爆发为18世纪中后期国际传播的大繁荣提供了足够的动力。以蒸汽的发明为代表的第一次工业革命首先在欧洲爆发，这推动了欧洲各国社会、经济、文化的全面繁荣，而蒸汽动力更是推动了印刷产量和能力的大幅提升：一方面，报纸可以被大批量地印刷和复制，另一方面，借由蒸汽火车，报纸可以被运送到更远的地方。此外，蒸汽动力推动的大机器生产使得农村手工作坊成批破产，大量的农村人口流向了城市，这无形中促成了大众传播受众群体的形成，国际传播迅速发展。同时，随着国际贸易的增长，国际传播的规模呈现出上升的趋势，例如，为了更好地在不同国家间互通有无，很多国内报纸还专辟了国际新闻栏目或版面报道国际新闻事件。

总体而言，从 15 世纪到 18 世纪中后期，古登堡金属活字印刷术的发明和第一次工业革命的爆发共同推动了欧美各国经济和社会的全面发展，并进而极大地提升了国与国之间全方位的交流与沟通，国际传播体系初步形成。然而，印刷时代的国际传播是以航运或陆运为主要渠道，传播质量、速度、效率都极为受限。

7.1.2.3 电子媒体时代的国际传播

以电报、广播、电视为标志的电子媒体将国际传播向成熟状态不断推进。

电报的发明使得国际传播开始摆脱人力的限制。1837 年，摩尔斯发明了有线电报机，它为大众传播提供了更加迅捷和便利的通信手段，国家内部以及国家之间的信息传递不再需要借助人力（航运和邮政等）就可实现。于是，以采集和提供新闻为主的新闻通讯社发展起来，并且，随着主要欧洲国家的殖民扩张，这些通讯社的国际传播业务也变得越来越繁忙。法国瓦斯社（1835年）、英国路透社（1851 年）、德国沃尔夫社（1849 年）以及美国港口新闻社（1848 年）也是在该时期发展起来的。

广播的发明使得国际传播开始摆脱有线的束缚。1906 年，美国匹兹堡大学的教授费森登在实验室里通过广播的方式播放音乐，完成了世界上第一次声音广播。1920 年，西屋电气公司在美国的匹兹堡创建了美国第一家广播电台，无线电广播主要通过短波进行信号传送，这使得包括国际传播在内的各种形式的传播摆脱了有形媒介的束缚。在第二次世界大战中，通过广播进行战争宣传和动员成为了当时很多国家的通行做法，取得极好的效果，二战之后，越来越多的国家开始在世界整体平和的态势下选择创办广播电台来开展国内传播业务。另一方面，一些欧美国家开始通过广播针对其他国家进行各种宣传，目的包括有意识地塑造国家形象和宣传有利于本国发展的政府政策，从而为他们在全世界开展各种活动营造更加良好的舆论氛围，这也使国际传播出现了新面貌。

电视的普及使国际传播者实现传播目标的能力大大加强。广播只能传送声音，于是"电视"出现了。1935 年，经过十多年的电视播放实验后，德国柏林实验电视台开始对外播放电视节目；1936 年，德国柏林主办奥运会，该电视台连续播放了几个小时的节目,观众多达15万人。第二次世界大战使电视行业被迫中止,但二战之后,苏联率先开始播放电视节目。20世纪50年代,开办电视台的国家达到50个(我国于1958年开办北京电视台),并且,继美国在20世纪50年代播放彩色电视节目后,日本、加拿大、法国、英国等也开始播放彩色电视节目(我国于1973年通过北京电视台开始播放彩色电视节目,北京电视台也于1978年更名为中央电视台)。电视通过视频给观众带来更加直观的感官冲击,它成为了最强势的媒体,然而,电视信号的传播需要不断建设中继站,费用昂贵,如果面临跨国信号传播,也还有更多的国与国之间的经济、政治等问题需要解决。

最终,卫星电视的应用普及使国际传播进入了较为成熟的发展阶段。1962年,美国发射了世界上第一颗通信卫星,通信卫星负责全球的通信任务,也可用于电视信号的传输,世界从此进入了卫星电视时代。卫星电视节目的信号不需要通过地面站或者电视台的中转,具有较强的抗干扰能力,普通用户只要安装一个卫星接收装置就可以收看卫星电视节目,只要满足不同国家设定的信号准入的相关规定,卫星信号就可以很容易地跨越国界,世界范围内的传播障碍被消除了,国际传播逐渐进入了较为成熟的发展时期。

7.1.2.4 互联网时代的国际传播

卫星电视利用空间技术,突破了地域的物理阻隔,但是,它有赖于地面中继站建设以及各国的政策支持,于是,20世纪90年代,互联网逐步发展起来,它有助于进一步突破国际传播面临的局限,并将国际传播推向了大发展时期。

国际互联网从形成到成熟不是一蹴而就的,它经历了漫长的发展过程。20世纪60年代,美国国防部建设了阿帕网,旨在防止苏联的网络攻击。在该网建成后不久,其发送电子邮件的功能被开发了出来,越来越多的网络开始加入该网。1974年,互联网之父文顿·瑟夫研发了TCP/IP协议,要求连接进入阿帕网的网络遵守该协议。1976年,连入阿帕网的计算机有100多台,网络用户达到2000多人。1985年,美国国家科学基金会在全美建立了五个超级计算机中心,许多中等的计算机中心被连接到一起,形成了一个名为"NSF-NET"的用于教育和科研的全国性网络。1992年,该网络被用作商业用途,大批商业机构进驻该网,在网上刊登广告等。1993年,万维网(World Wide Web)诞生,它不是在互联网之外独立存在的网络,而是互联网中的一种多媒体信息服务系统,它能以超文本链接的方式存取信息。同年,美国国家超级计算机中心基于万维网开发了浏览器,用户可浏览存于网络中的信息。1996年,由美国主导的信息高速公路计划获得通过,许多国家接入了万维网,并启动了数字化网络建设,国际互联网的规模迅速扩大,成为连接世界各国的高速传播通信网络。进入21世纪,移动通信技术与互联网结合,催生了移动互联网,这意味着用户可不再使用计算机作为传播终端,而可直接通过手机接入互联网,从而实现了传播的移动化、便捷化。

互联网的独特优势推动国际传播进入了大发展时期。首先,互联网传播无须借助费用高昂的中继站,这大大节省了成本,借助互联网技术,国际传播的时效性和便捷性得到了极大提升。其次,互联网集成多种媒介功能于一体,公众可通过互联网即时发送和接收各种类型和内容的信息。再次,互联网具有匿名性和模糊性的特点,其互动性优势极为明显,接受者可及时地给出反馈,传播者可借此改善传播质量。最后,尽管国家仍是权威的传播主体,但社会组织、企业、个人都可加入,国际传播在经历了数百年的发展之后,其样貌终于因为互联网的出现和应用普及而获得了全方位的重构。

7.1.3 应急国际传播的界定

应急国际传播是国际传播的一种具体类型,它也属于大众传播的范畴。它同其他类型的国际传播的不同之处主要在于它是以应急管理和突发事件为主题的传播。具体来说,应急国际传播是指一国的应急管理相关的政府部门、企业、社会组织、个人同其他国家的相应的政府部门、企业、社会组织、个人,就应急管理和突发事件应对等事宜进行交流沟通的一系列活动。应急国际传播的目的包括传播主体就应急管理和突发事件应对等事宜互通有无,就开展国际合作与交流或解决国际争端开展对话等,从而改善和提升应急国际治理。

应急国际传播体系(见表7.1)包括应急国际传播者、应急国际传播受众(也称应急国际传播接受者)、应急国际传播方法和手段、应急国际传播内容、应急国际传播效果等要素,如下将按照这一框架对应急国际传播相关内容做介绍。

表7.1 应急国际传播体系

应急国际传播体系	构成	主要特征
应急国际传播者	政府、跨国企业、国际组织、个人	政府主导和负责把关;跨国企业和国际组织是积极参与者;个人传播规模有限

续表

应急国际传播体系	构成	主要特征
应急国际传播受众	政府、跨国企业、国际组织、个人	深刻的多样性和复杂的不可预知性
应急国际传播方法和手段	语言和文化转换；打造"融媒体"平台；加强对跨境信息流动的管控	因地制宜，紧跟技术发展趋势和国家政策，以国家利益为管控出发点
应急国际传播内容	政府传播的内容，企业传播的内容，国际组织传播的内容，个人传播的内容	兼具新闻、娱乐、知识、广告等特征
应急国际传播效果	受众在认知、情感或行为方面的改变，以及他们所处社会所发生的变化总和	受到传播者、传播内容、传播媒介、传播受众四方面因素的综合影响

7.2 应急国际传播者

应急国际传播者位于传播链条的起点，是应急国际传播活动的发起人，也决定着应急国际传播的媒介、传播内容、数量、流向、传播手段和方法等。

7.2.1 应急国际传播者的类型和特征

应急国际传播者经历了从一元向多元主体的转变。在传统媒体时代，政府是所谓的"一元"应急国际传播者，他们是所传播信息的生产者、传播控制者、传播管理者，承担着"把关人"的角色，在传播体系中占有权威地位。然而，随着互联网的发展，包括企业、社会组织、公众个人等多元主体都有条件参与到国际传播活动中，特别是随着各种移动互联应用软件的发展，一些账号在国际传播中已经具有了极为广泛的影响力。

应急国际传播者具备两大特征。一则，他们的传播行为总是能够代表国家利益。当信息传播在国内发生时，传播者需要能够代表他们的阶级、政党、组织等，然而，在国际传播中，传播者首先要能够代表他们的国家，很多时候，他们还需要尽量处理好国家利益同政党利益、阶级利益、组织利益、个人利益等之间的关系。二则，他们具备专业的跨国传播能力。相较于国内传播，传播者将要面对跟国内受众存在极大差异的国外受众，这也意味着他们要能够克服文化差异、语言差异等隔阂，要能够对传播受众做细分以及对传播内容做本土化处理，这些都是实现预期传播目标的重要前提。

7.2.2　应急国际传播者：各国政府

政府在所有应急国际传播者中最有权威和影响力，他们是一国进行对外传播的最主要负责人，而这主要是由两方面因素决定的：一方面，政府是社会治理的法定主体，政府有责任和义务统筹好包括政治资源、媒体资源、经济资源等各种资源来做好对外信息的传递与分享；另一方面，当面对重大突发事件时，政府对相关信息的了解最为全面，对主流媒介的掌控最为权威，他们能够对外发出最准确的和最有利于营造国内氛围和国际发展的外部氛围的相关信息。

除了做好自身的对外传播工作之外，政府还需要对其他主体的对外传播行为进行把控，这主要有两种形式：一则，政府制定法律对多元主体的对外传播行为进行规范、限制和协调，这有利于统一对外传播口径，形成有利于国家和社会发展的国际舆论氛围；二则，政府通过信息技术手段对不同主体的对外传播行为进行监控和限制，避免不利于国家发展和有损于人民利益的对外传播行为发生。然而，在移动互联时代，政府进行对外传播控制的难度在不断提升。

我国负责对外传播工作的部门是中华人民共和国国务院新闻办公室。中华人民共和国国务院新闻办公室（简称国务院新闻办）组建于1991年1月，职责包括：推动中国媒体向世界说明中国，介绍中国内外方针政策、经济社会发展情况，及中国的历史和中国科技、教育、文化等发展情况；通过指导协调媒体对外报道，召开新闻发布会，提供书籍资料及影视制品等方式对外介绍中国；协助外国记者在中国采访，推动海外媒体客观、准确地报道中国；广泛开展与各国政府和新闻媒体的交流、合作；与有关部门合作开展对外交流活动。国务院新闻办在推动中国媒体向世界报道中国的同时，还积极推动中国媒体对各国情况和国际问题的报道，促进公众及时了解世界经济、科技、文化的发展情况。此外，国务院新闻办的工作目的是促进中国与世界各国之间的沟通了解与合作互信，通过组织新闻报道，为维护世界和平稳定和推进人类进步事业发挥积极的建设性的作用。

7.2.3　应急国际传播者：跨国企业

本章所指的跨国企业包括从事跨国业务的媒体企业和非媒体企业：一方面，诸如迪斯尼公司、贝塔斯曼集团等都是典型的媒体企业，它们在全球范围内开展跨国业务和进行跨国传播；另一方面，诸如中国石油、中国建筑等就属于非媒体企业，他们主要在全世界开展石油或建筑业务，但同时也在进行国际传播，他们的行为展现了中国人的素质、形象和中国企业的道德和专业水准。

媒体企业和非媒体企业之间既有联系又有区别：一方面，他们企业行为落脚点都是本国利益，他们都要承担为本国进行国家形象宣传、国家战略宣传的任务，他们的国际传播行为因而也都不可避免地会受到母国的影响；另一方面，媒体类型的跨国企业主要生产信息产品，而非媒体类型的跨国企业主要生产非信息产品，然而，当有同国家利益相关的全球性重大突发事件发生时，前者仍然是政府进行对外舆论宣传的最主要依靠。

广告和公共关系是跨国企业开展国际传播的两种主要途径。一则，为了在不同国家和地区销售产品，跨国企业会在目标国家或地区投放各种类型和内容的商业广告或公益广告，而随着互联网的普及，各种社交平台、短视频平台已经成为他们投放广告的主要场所。二则，相较于广告，公共关系不以推销和售卖产品为目的，公共关系工作着眼长远，意在为跨国企业树立良好的国际形象或为母国建构健康的国际形象。同广告类似，公共关系相关工作目前也主要通过网络进行，传统的公关公司都在进行转型，谋求线上和线下同时开展公关。目前，在全球范围内能够开展事件营销、口碑营销、危机处理的跨国公关公司遍地开花，也出现不少乱象，亟须各国政府通力合作，对他们进行有效监管。

7.2.4 应急国际传播者：国际组织

国际组织是指在全球范围内从事超越国家或跨越国界范围相关工作的组织机构，这些组织的成员主要是主权国家，而组织经费则主要来自成员国缴纳的会费或各种捐助。国际组织不具有公共权力，其运营也不以营利为目的。

国际组织包括政府间国际组织和非政府组织两种类型：一方面，政府间国际组织由主权国家派驻官方代表组成，成员是主权国家，诸如联合国、世界卫生组织、世界贸易组织、国际货币基金组织等都是在全球范围内具有重要影响力的政府间组织；另一方面，国际非政府组织（也称国际民间组织）是指为了实现特定目标，由不同国家、民族、阶层的个人、民间团体所组成的社会组织，他们不参与公共权力竞争，不以营利为目的，旨在解决国家和企业不能解决的问题，促进全人类福祉和公共利益提升。如下将对该两类国际组织做进一步介绍。

首先，政府间国际组织是国际传播的最重要渠道和平台。这些组织是世界各国跨国交流与沟通的场所,是各国情况的信息集散地。政府间国际组织主要通过三种方式实现国际信息传播。第一,缓和国际矛盾,化解国际争端。1919年,世界上第一个国际组织"国际联盟"就是在第一次世界大战结束后成立的,该联盟成立的目的就是解决国际争端和维护国际和平,并提供一个为实现此目的而可进行有效跨国沟通与交流的论坛。第二,召开常态性国际会议。各种国际组织每年都会定期召开会议,吸引世界各国以及媒体参会和发布信息。例如,联合国在会议期间,会举行例行的新闻记者发布会,并在会上发布有关国际决议,并通过驻联合国的媒体将信息传回各国,供媒体报道给不同国家的公众。第三,不断加强媒体建设。不同国际组织都注重建设可控的媒体系统,他们在全球范围内采集信息、研判信息、共享信息,并定期或不定期地通过自有的网站、出版机构以及其他媒体渠道向世界各国传递组织理念,从而实现组织运营目的。

其次,国际非政府组织主要去完成主权国家不愿意做、不方便做或力所不能及的任务,并旨在督促政府从事国际社会的公益事业,或推动各种全球性问题的解决。国际非政府组织出现的背景是在一些国家内部首先出现了很多不同类型的社会组织,他们填补了政府和企业的空白,旨在实现社会公益,而诸如各种形式的协会、学会、研究会、联谊会、商会、行会、学校、医院、福利院、文化艺术团体、宗教组织、反战与和平组织、环境保护组织、争取民权和反种族歧视组织、人权和救济组织、妇女和儿童权益组织、青年组织等属于该范畴。当国内的社会组织发现在需要完成一些国际性任务却无能为力时,全球性的非政府国际组织应运而生。据统计,目前全球范围内的国际非政府组织有2000多个,而这些组织的总部绝大部分集中在欧美发达国家和地区。

同政府间国际组织类似,非政府组织也通过设立网站、发行出版物、定期或不定期地举行各种国际和地区论坛、参与主权国家或者政府间组织的各种类型的活动来参与到国际传播活动中。并且,相较于政府间的国际组织,国际非政府组织往往会有较为充沛的资金和其他方面的支持,他们还可以凭借先进的技术、自有平台和其他手段持续地向其他国家传递代表组织利益的意见,设定全球议题,进而影响国际舆论的走向。

然而,我们需要意识到,很多国际非政府组织标榜的立场独立以及推进全球福祉的目标不过是华丽的幌子,其背后不时地闪现着主权国家的影子,真正意义上完全独立的非政府国际组织行为少之又少。

7.2.5 应急国际传播者：互联网时代的个人

在多元的国际传播者中，个人的权力最小，能够获得的资金、政策等保障和支持也最少，而个人最终能够成为国际传播者中的一员有赖于互联网技术的发展。互联网使原本互不相干的、原子状态分散的个人能够迅速地找到他们在兴趣、情绪、情感等方面的共同点，从而实现了极为快速的大规模聚合。

突发事件具有广泛的社会影响，在全球性突发事件发生时，公众的注意力会被迅速吸引，而公众个人也很容易因为某个细节所引发的情绪而通过互联网沟通产生共情。同时，在群体极化效应的影响下，这种共情会迅速震荡放大，稍加引导就会形成啸聚之势，在国内和国外两个舆论场同时引爆，进而对国际秩序产生冲击。可以说，互联网使个人参与国际传播所面临的障碍绝大部分都被消除了，因而在进行国际传播管控时，他们的作用也决不能被忽视。

7.3 应急国际传播受众

7.3.1 应急国际传播受众的界定和特征

应急国际传播受众处在整个传播链条的最后一个环节，他们接收传播者所传递和分享的信息，传播者可通过观察和分析受众的反馈来对传播效果做出评价，进而调整和改进应急国际传播。

应急国际传播受众是国际传播受众的一种具体类型，他们同其他类型的国际传播受众并无本质的不同，他们主要具备深刻的多样性和复杂的不可预知性两方面的特征。

第一，深刻的多样性。这有两层含义。一则，国际传播受众具有文化方面的多样性。目前，全世界范围内约有80亿人口，200多个国家和地区，2000多个民族；不同国家和地区的民族构成存在差异，不同的民族分布在不同的国家和地区，他们使用不同的民族语言和官方语言；此外，除了佛教、伊斯兰教、基督教等宗教外，全世界范围内还有大小不一的几千种宗教；不同的国家和地区还有不同的山川河流，不同的地理地貌，不同的经济政治，不同的风土人情，不同的交通饮食等，这些都是国际传播受众深刻多样性的基础。二则，国际传播受众具有媒介选用的多样性。国际传播最主流的媒介是互联网，但这不意味着所有国家和地区具备同样的互联网条件，处在不同国家和地区的受众的媒介可获得情况千差万别，因而，传播者在从事国际传播活动时要充分考虑到不同国家和地区受众的媒介接触的可能性，并因地制宜地采用不同的传播方法和手段。

第二，复杂的不可预知性。国际传播受众的复杂的不可预知性其实是由他们的多样性所决定的。国家和地区、民族、宗教、时空、媒介接触和选择等众多维度的"列联交叉"构成了国际传播受众的无限的多样性，而这种多样性是不可预知的。换言之，应急国际传播者并不确切地知道，国际传播的目标受众是哪个民族的、哪个地区的、家庭情况如何、受教育情况如何、性别如何、正处在什么样的具体的时空场域内、能够选用什么样的媒介来接收信息，这些都构成了应急国际传播受众复杂的不可预知性。

7.3.2 应急国际传播受众的分类

按照不同标准，应急国际传播受众有不同的分类。这些分类并不互斥，而在国际传播中，从多个类别维度对受众进行精细的"分众"分析无疑有助于传播者制定更有针对性的传播战略和采取更加合理的传播方法和手段。

① 按照在应急国际传播过程中的坐落，可以分为终极受众与中介受众。前者位于传播过程的最末端，他们不会或不具备条件将所收到的信息再往后传递；中介受众则位于传播者和终极受众之间，他们有的只是单纯起到中转作用，有的会对接收到的内容进行编辑后再传送。

② 按照对传播者的重要性，可以分为重要受众、次要受众、一般受众。重要受众同传播者所要达成的目的直接相关，传播者想要实现的目的主要在这部分受众的身上体现出来，传播者开展跨国传播也最需要获得他们的支持；次要受众对传播者实现传播目的有一定影响，但没那么大，传播者希望获得他们的支持，但没那么强烈；一般受众距离传播者较远，传播者对他们没那么关注。

③ 按照对传播者的态度，可分为顺意受众、逆意受众、中立受众。顺意受众对传播者的意见表示赞同，他们所在的国家同传播者所在的国家保持友好关系，他们也是传播者扩大传播影响的重要基础；逆意受众对传播者的意见表示反对，他们的国家可能同传播者的国家处于不友好甚至是敌对状态，他们在国际舆论场中发出不同声音，对传播者实现传播目的产生负面消极的作用；中立受众往往远离传播场域，他们对传播的主题或内容不感兴趣，但传播者往往希望将该部分受众争取到自己的阵营，他们对传播具有不可忽视的潜在影响。

④ 按照同所传播主题或相关事件的利益相关性，可分为直接利益相关受众、

间接利益相关受众、利益无关受众。直接利益相关受众同所传播事件有直接关系，他们要么从中获得好处，要么会受到不利的影响，因而旗帜鲜明；间接利益相关受众有可能获益或受损，这取决于事态发展，而传播者要尽量避免让他们的利益受损，从而成为阻碍传播目标实现的那部分人；利益无关受众远离传播场域，态度中立，传播者也要尽量避免事态朝着会损害该部分人利益的方向发展。

7.3.3 应急国际传播受众的变化

世界政治经济格局的变化以及科学技术的进步都使得包括应急国际传播受众的国际传播受众在很多方面都发生了深刻的转变。

国际传播受众的身份主体化特征越来越明显。传播者和受众的身份不是一成不变的，传播者往往也是受众，受众往往也承担着传播者的角色，他们是一对共生的概念。随着互联网在国内和国际传播中的普及，传播者和受众的即时互动行为越来越频繁，这使区分谁是最初的传播者和接受者变得困难。

处于国际传播弱势的国家和公众正在丧失文化和价值自主能力。在国际传播方面较为强势的国家（主要是欧美国家）不断地利用他们在技术、话语权等方面的优势，向其他国家输出对他们发展有益的价值观，在这些精心设计的传播冲击下，一些国家以及公众逐渐地丧失了文化和价值定力以及自主能力。

传播受众的国家和民族身份认同正被一种似乎更加全球化和更加普适的认同感所冲击。当今世界，不同的国家和民族的身份建构不再局限于一国或民族聚居的疆域之内，公众的身份建构不再局限于对所在国家和民族的传统、习惯、行为方式的继承，他们很容易地会受到来自不同国家和地区的文化和价值的反复冲击，于是，在这样一种国内和国外不同文化的双重交织和反复涤荡下，公众的认同感被不断地被重塑，一些似乎更加普适的价值观和文化观占了主流。

7.4 应急国际传播内容

7.4.1 应急国际传播内容的分类

应急国际传播的内容主要有关应急管理和突发事件，而按照不同的标准，他们可以有不同的分类，这种分类的意义在于：针对不同分类的传播内容，传播者需要采用差异化的传播方法和手段才能有效实现传播目的。

首先，按照传播媒介的类型进行分类，可以分为通过广播进行传播的内容、通过电视进行传播的内容、通过电影进行传播的内容、通过互联网进行传播的内容。尽管互联网已经成为国际传播媒介的主流，但仍有相当部分的国际传播是通过广播、电视、电影等媒介进行，同时，也并不是所有国家和地区都具备了发达和成熟的互联网通信设施和条件。

其次，按照传播内容的特征进行分类，可分为新闻性质的内容、娱乐性质的内容、广告性质的内容、知识性质的内容等。这些分类并不互斥：新闻性质的内容也可植入广告成分；为了传播应急知识，其中也可添加娱乐性的内容。

最后，按照传播者的身份特征，可分为政府传播的内容，企业传播的内容，国际组织传播的内容，个人传播的内容。如下将更加具体地对政府、企业、国际组织、个人的国际传播内容做介绍。

7.4.2 各国政府传播的内容

政府在国际传播所传递和分享的内容最具权威性，这是由政府的国家权力机构的身份所决定的，同时，对外传递和分享有关政府运行相关内容也是政府履行服务社会职能和开展国际合作与交流的必然要求。特别是在突发重大公共卫生事件、重大灾情、战争、动乱等情况下，政府是法律授权的唯一信息发布者，而其他主体只能在政府发布的信息框架下去传播信息。具体来说，在应急国际传播中，政府负责发布的信息内容主要包括有关政府运行的各类非标准化信息和标准化信息两种。

政府负责发布有关政府运行的各种非标准化信息。首先，政府负责发布职能部门运行相关信息，包括不同部门如何开展公共服务以及如何对公共服务进行监督等，这些不仅为国内公众关注，也是国外政府、社会组织、公众的关注焦点，更是国与国之间开展国际交流与合作的基础。其次，政府负责发布法律和公共政策的制定、颁布、执行相关信息，这也是政府运行的重要内容，国外政府、社会组织、个人都较为关切，它们也是国与国之间开展合作与交流的先决条件之一。最后，政府负责对外通报重大事件相关信息，包括重要的国内国际会议、论坛、体育赛事、重大突发事件等。例如，地方政府主要负责发布所辖地区的重要事件，在申办和成功获批至正式举办2008年奥运会之前，很多重要情况由北京市政府负责发布。

各级政府负责发布有关社会运转的各种标准化信息。这主要是指由政府职能部门发布的各种指标数据，它们由政府采用科学合理的方法、通过固定的渠道、借助政府权威采集，能够较为真实地反映社会运行状况。例如，国家统计局每年都会发布国民经济和社会发展统计公报，公报中的信息绝大部分都是数据类的标准化信息。

7.4.3 国际组织传播的内容

国际组织不具有公权力，其运营也不以营利为目的，他们开展国际传播的目的主要同组织目标有关，这也决定了国际组织有关应急管理和突发事件所传递和分享的内容主要包括知识性、告知性、劝告性三种类型。

首先，知识性内容主要和专家学者有关。应急管理相关的国际组织是由具有专业背景的专家、学者组成，他们具有专业的信息渠道，可以接受政府委托或授权就应急管理相关问题开展调查研究以及为政府提供咨询，并在此基础上同国际同行以及其他国家的政府相关部门进行交流沟通，而该部分就主要属于应急国际传播的知识性内容。

其次，告知性内容主要和国际组织有关。国际组织的成员多是主权国家，他们制定的方针、政策具有很高的权威性，他们也会将相关信息向成员国进行告知。例如，联合国是由世界范围内的各主权国家派驻代表组成的国际组织，其运行的基本依据是《联合国宪章》，而联合国需要就该法相关内容同所有成员国进行协商，并广为通报相关变动，如有国家违反《联合国宪章》，联合国也会立即告知，该部分就属于应急国际传播中的告知性内容。

最后，劝导性内容同告知性内容相关，后者是前者的基础，前者是后者的延续，差异在于："告知"是国际组织让不同的国家了解他们有必要知晓的相关信息，"劝导"是在告知的基础上通过造势，使人们接受被告知的内容。例如，"非典"疫情暴发期间，世界卫生组织及时地向各个成员国告知疫情发展情况，在此基础上，世界卫生组织会劝导成员国采取积极有效的措施来帮助所在国家的公众树立科学的防疫意识以及做好个人防疫保护措施等。

7.4.4 跨国企业和个人传播的内容

跨国企业开展的国际传播活动以获利为目标，活动内容包括：跨国推广产品或企业形象，开展各种公关活动从而在全球树立良好的企业形象，对企业不良行为给消费者带来的损失进行补救。不可否认，跨国企业的传播业务或多或少地会受到所在国政府的影响，但总体而言，跨国企业传播内容的政治色彩和意识形态色彩都较弱，他们更加关注针对恰当的目标受众，选择合适的媒介，采用合理的方法和手段开展传播活动，从而尽可能获得最大的利润。

个人在具有跨国属性的平台上或利用手机软件发表意见和进行跨国信息交流与沟通，一些账户还会出于牟利的目的进行跨国的个人宣传和介绍。但总体而言，个人开展的国际传播活动的主题和内容都较为随意和具有显著的生活化特色，个人传播者更是极少地会深入涉及政治、经济等宏观主题。

7.5 应急国际传播方法和手段

应急国际传播的方法和手段包括三个方面：一则，传播者要进行语言和文化的转换，这是应急国际传播的基础性工作；二则，传播者可以谋求打造"融媒体"平台，这有助于实现优质高效的国际传播；三则，政府和国际组织要加强国际传播管控，这有利于提供信息跨境流动的安全保障。

7.5.1 扎实做好语言和文化转换

第一，语言转换是应急国际传播的基础性工作，它是指将传播者所使用的语言转化成传播受众所使用的语言，语言转化工作要符合语法规则，转化过后的语言要能够被受众理解，否则语言转化工作就会被认为不成功。需要指出，不同国家的语言之间几乎不可能存在完全对应的情况，故而，百分之百对等的语言转换其实不可能存在。

语言转换工作主要由传播者自行展开。在全世界范围内，规模较大的通讯社都会采用多种语言开展对外传播工作，例如，我国的新华社每天会使用英语、西班牙语、法语、阿拉伯语等六种外语开展对外传播；美国国际广播体系内的所有机构采用大约60多种外语进行对外传播。

第二，文化转换在国际传播中的重要性并不亚于语言转换，它是指在语言转换的基础之上，传播者对转换后的语言进行整体打磨，使他们更加贴合传播受众的文化习惯，更容易被传播受众所理解，从而获得更优的传播效果。

在国际传播中，单纯地只进行语言转换不能保证传播受众完全理解传播者的意图，这是因为受众会使用他们的认知框架去解读转换过的语言，而在这个过程中，误解大概率地会产生。例如，一个中国人跟一个美国人说："我们中国股民都期望有一个红色的周一"，美国人会觉得奇怪，因为"红色"在美国意味着股市下跌，"绿色"则代表着股市上涨，这同中国股市对股价上涨或下跌的标识完全不同，可见，原封不动地将中文转换成英文会造成误解。

7.5.2 全方位打造融媒体平台

一方面，媒介融合是国际传播的必然选择。从早期的电报到广播，从依赖地面基站的电视到卫星电视，从依托桌面电脑的互联网到手机移动互联网，媒介技术的进步使得国际传播变得更快、更广、更大量。更为重要的是，不同媒介也因为技术的进步而摆脱了分离的状态并走向了融合，这使得国际传播更加易懂、更加清晰、更加吸引人，也更加高效。

近些年，一些传统媒体开始通过联合、收购、重组、兼并等方式组建"融媒体"集团，足见媒介融合已成为传播行业发展的趋势。传统媒体有过硬的人才队伍、技术优势、丰富的内容资源，新媒介有快捷、广泛的信息渠道和对受众需求敏锐的洞察力，两者相融将有助于催生更加高效和优质的传播业务。

另一方面，政府应当出台政策鼓励"融媒体"产业发展，并锻造一批具有国际竞争力的"融媒体"巨头。事实上，诸如美国新闻数据出版公司、贝塔斯曼、时代华纳、派拉蒙等国际传播巨头无不在加速媒体融合事业发展。近些年，我国从中央到省到市到县也都在极为积极地打造"融媒体"中心。根据"人民网"2023年6月发布的《2022—2023报业融合发展观察报告》❶，作为党和政府对外宣传的重要窗口，全国32家省级党报均已实现传统报纸和新媒体采编部门一体化，65.6%的省级党报建立了跨部门融媒体工作室，媒体融合已是大势所趋。

7.5.3 切实提供信息跨境流动管控

7.5.3.1 政府对应急国际传播的信息控制

政府会对包括应急管理相关信息在内的所有信息的进出跨境管控：在一个方向上，政府会对传播到其他国家的信息进行筛选，不利于本国发展或抹黑本国形象的信息会被过滤，而有助于本国事业发展或有助于树立本国良好形象和营造良好国际氛围的信息则可以顺利通行；在另一个方向上，政府会阻挡或过滤不利于本国发展和社会稳定以及对本国公众的思想形成误导的有害信息。

具体来说，政府的国际传播管理和控制手段主要包括行政、法律、经济、信息四个方面。

---

❶ 人民网：一图读懂《2022—2023报业融合发展观察报告》，http://yjy.people.com.cn/n1/2023/0531/c244560-40003503.html

首先，行政手段是指政府使用强制性的命令、指示、规定、条例等形式对应急国际传播的信息流动进行管理和控制。这些手段可以包括：对涉外媒体的创办进行审批、登记和颁发许可证；对入境落地的外国媒体进行审查和监控；对服从政府和与政府合作的境内外媒体以及记者的采访、报道给予种种优惠或者特权；压制、惩戒、整顿、查封、取缔或关闭对政府不友好的境内外传播媒介等。

例如，为了加强针对境外信息的管理和控制，我国政府于1992年提出，美联社、路透社、法新社和合众国际社等新闻机构不得在我国境内播发新闻稿，同时，国内所有报纸、期刊和新闻机构都不得直接向外国通讯社购买或者刊载新闻，必须根据新华社广播稿进行发表。1993年、1997年、2000年、2001年、2004年，我国政府又先后颁布实施了《卫星电视广播地面接收设施管理规定》《广播电视管理条例》《关于进一步加强电视剧引进、合拍和播放管理的通知》《境外卫星电视频道落地审批管理在线办法》和《境外电视节目引进播出管理规定》，这些规定、办法和条例都严格限制在我国境内安装和使用卫星地面接收设施，限定境外电影、电视剧的引进数量、合拍条件和播放时间，以及控制境外卫星电视频道的落地。1996年、2005年、2012年、2017年、2018年，我国政府又颁布实施了《中华人民共和国计算机信息网络国际联网管理暂行规定》《互联网新闻信息服务管理规定》《全国人民代表大会常务委员会关于加强网络信息保护的决定》《互联网新闻信息服务新技术、新应用安全评估管理规定》《互联网新闻信息服务单位内容管理从业人员管理办法》《微博客信息服务管理规定》等相关规定和措施，它们针对我国互联网传媒的发展又提出了新的要求。

其次，法律手段是指国家立法机构通过立法程序制定规范，对跨境信息活动进行规范化管理和控制。目前，各国规范或控制跨境信息传播的法律大概有11类：①煽动叛乱罪法；②保密法；③反垄断法；④广告法；⑤许可证申请法；⑥知识产权法；⑦图书出版法；⑧电信法；⑨广播电视与电影管理法；⑩互联网管理法；⑪新闻法等。我国也曾先后颁布和实施了《中华人民共和国国家安全法》《中华人民共和国网络安全法》《中华人民共和国电子商务法》《中华人民共和国电子签名法》等一系列法律，从而对跨境信息传播进行了有效的控制和规范。

再次，经济手段是指政府通过制定相应的财政、金融、税收、产业政策对跨境信息传播活动进行管理和控制。这些经济手段包括两方面内容。一则，政府可以制定和实施相应的财政政策。政府可以直接拨款或者实施补贴来支持国内媒体企业开展跨境信息传播相关业务；政府还可以给予企业相应的信贷或者税收政策，这也有助于相关企业获得成长的比较优势；此外，政府还可制定相应的产业政策，吸引和鼓励更多企业参与跨境传播业务。二则，政府可以参股、控股或独资运营从事跨境传播业务的媒体企业或公司。为了对跨境信息流动进行权威的管控，多数政府会采取独资的方式运营一家或几家国际传播媒体企业，如中国国际广播电台等就属于这种类型，当然，这并不排斥其他股份结构的媒体企业存在。

最后，信息手段是指政府利用信息技术手段和信息传播规律对跨境信息传播活动进行管控。一则，现代信息技术的发展赋予了政府更多的管控跨境信息流动的能力，例如，政府可在互联网中安装网络管理软件，通过设置关键词等方式对有可能危害国家安全的文字、图像、视频等进行拦截和过滤。二则，新闻传播学研究也可对政府进行信息管控做出贡献，例如，政府可对信息源头加以管控，可对信息的主题和修辞进行管控，从而防止本国公众受到他国政府或者相关企业认知作战的影响，这些都是应用传播规律进行信息管控的范例。

7.5.3.2 国际组织对应急国际传播的信息控制

除了政府会综合采用行政、法律、经济、信息等诸多手段进行跨境信息管控外，诸如联合国教科文组织、国际电信联盟、世界贸易组织、国际通信卫星组织等国际组织也会在包括应急国际传播在内的所有国际信息传播方面发挥管理和控制作用。具体来说，国际组织主要通过相关法律以及协调国际传播争端来对跨国传播交流与沟通行为进行规范和约束。

一方面，国际组织会通过严格的立法程序制定法律来对国际传播活动进行规范和约束，这是保障国际传播正常有序开展的最重要前提。这些法律主要有关传播者和传播受众的权利、对国际传播内容的保护、不同主体间的传播行为的有效对接、传播技术标准化、国际传播中的资源分配和争端协调等内容。1982年，传播学者普洛曼在《有关传播与信息的国际法：基本文件集》中，将有关国际传播的国际法规分成了10种基本类型：基本法、信息法、电信法、邮政法、空间法、知识产权法、信息学法、贸易和关税规定、文化与教育、国家安全和法律实施。1989年，联合国教科文组织发布的《世界交流报告》就指出，到1988年为止，有关国际传播的各类规范性文件总数达到333件。

另一方面，国际组织通过调节国际传播活动中不可避免发生的分歧和冲突来实现管理和控制。尽管很多国际传播法律法规已经形成了对跨国传播行为的名义上的规范和制约，但是，在实践中，这些法律缺乏国内法能够享受到的权威的效力保障，且总体呈现出较为杂乱的状况，并未形成独立的法律体系。特别是当涉及跨境传播中的频道分配、频谱使用、关税额度、产权保护、费用收缴、网络软件的安全、网络技术标准对接等问题时，既得利益国家往往希望始终维护他们在国际传播中的主导地位并进而获得利益，而后发国家却希望能够在更加公平的体系环境之下开展国际传播业务，于是，国家之间纷争不断，这也为国际组织居间调停留下了极大的空间。在过去的几十年中，国际组织也设置了相应的程序和争端解决机制，从而实现了对国际传播活动的有效管控。

7.6 应急国际传播效果

7.6.1 应急国际传播效果的定义和分类

应急国际传播效果是指多元的应急国际传播者的跨国信息传播活动所产生的且主要体现在他国受众身上的有效结果。一方面，应急国际传播效果可以指受众在认知、情感或者行为方面的改变；另一方面，应急国际传播也可以指应急国际传播活动对传播受众和他们周围社会产生的一切后果的总和。

按照不同的标准，应急国际传播的效果可以有不同的分类：按照传播效果的性质，可以分为积极的效果、中性的效果、消极的效果；按照传播效果的最终形成方式，可以分成渐进的效果、累积的效果、激变的效果；按照传播效果的承载主体，可以分成个人的效果、组织的效果、社会的效果；按照传播效果的层次，可以分成微观的效果、中观的效果、宏观的效果；按照传播效果的显现程度，可以分成直接的效果、间接的效果；按照传播效果与传播者的传播意图的关系，可以分成预期的效果、非预期的效果。这些有关应急国际传播效果的分类其实并不排斥，它们互相交叠，呈现出了一幅错综复杂的应急国际传播效果图。

7.6.2 应急国际传播效果的影响因素

包括应急国际传播效果在内的所有类型国际传播效果都会受到传播者、传播内容、传播媒介、传播受众四方面因素的影响。

① 应急国际传播者对传播效果的影响主要体现在三方面。一则，他们是传播信息的"把关人"，负责搜集、整理、选择、加工待传播的信息；他们有权利去选择合用的媒介以及方法和手段来开展传播；他们还能对传播受众的范围做出界定。二则，应急国际传播者的威望和信誉也会对传播效果产生影响。

一般而言，传播者的威望和信誉越高，他们就越有可能取得所期望取得的效果。具体来说，国际传播者的威望表现为传播者的公信力及其品牌形象或机构形象，传播者的信誉则意味着传播者能够树立诚信，意味着传播者的传播程序符合专业规范、公开透明、公正无私。例如，如果传播机构能够顶住赞助商的压力，揭露赞助商的不法行为，这将有助于彰显和提升他们的信誉度；再例如，相较于地方广播电台，中国人民国际广播电台的威望和信誉无疑更高。

② 传播内容也是影响应急国际传播效果的因素之一，这主要表现在两个维度。一则，传播内容必须真实可信，否则传播效果就会受到损毁。我们生活在一个"信息爆炸"的年代，各种来源不同的信息会让我们难辨真伪。这就需要国际传播者严把信息的真实关口，而一旦所传递的信息内容被他国认为是虚假或者习惯性的虚假，传播者的信誉会很快丧失，之后做再多工作也将难挽回他国政府的信任。换言之，内容的真实可靠性将对传播效果产生重要的影响。二则，传播内容要能最大限度地唤起他国受众的共鸣。国际传播需要跨越语言隔阂，要面对具有完全不同文化背景的受众，其传播工作同国内传播截然不同。因而，传播者需要能够选择具有全球普适性的主题和内容作为切入点，而诸如平等、人权、爱情、死亡、人性、人道主义、环保、反战、减贫等都比较容易在不同国家和地区的受众之中引起共鸣，该种类型的传播内容有助于取得好的传播效果。

③ 媒介形态也会对应急国际传播的效果产生重要影响，这表现在两个方面。

一则，"融合媒介"已然成为获取高效优质传播效果的重要保障。我们处在一个媒介融合的时代，以文字为特征的印刷媒介与声音媒介以及视频媒介之间的界限被彻底打破且处于深度融合中。例如，TikTok是一个诞生时间并不久的媒介工具，但其已在全球范围内的众多国家被广泛使用，并受到了各个年龄段受众的欢迎。2024年，美国众议院竟然投票通过法案，要求字节跳动剥离对TikTok的控制权，背后原因竟然是害怕这样一种新的融合媒介形态会对美国产生一些无法控制的潜在影响。诚如麦克卢汉在20世纪50年代所预言，媒介形态将会深深地影响传播效果，很多时候还具有决定性的作用。

二则，冷热媒介的交替也会对传播效果产生影响。麦克卢汉依据受众的参与程度将媒介分成冷热两类，传播者可交替使用，从而实现不同的传播效果。例如，当政府希望通过所制定的政策向国际社会或特定的某些国家阐明自身立场，可多使用热媒介，这类媒介能够清晰明确地传递信息而不需要受众过多参与和解读，广播、电视、电影就属于该类媒介；当政府希望向国际社会传递较为抽象的信息时，则可多使用冷媒介，该种媒介需要受众积极参与解读，并在该过程中获得对所传播信息的深入理解，书、杂志等就属于该类媒介。

④ 受众自身也会影响到传播效果，这仍可以从两方面来理解。一则，受众的兴趣爱好、政治态度、宗教信仰、利益诉求、价值取向、知识、经验储备、年龄、性别、职业等都是对传播效果因变量产生影响的复杂自变量。二则，受众在接收信息时的心情、情绪、接纳新事物的意愿等也会影响传播效果。可见，传播者不要期待在大范围受众身上实现预期效果，传播者更需要对受众进行"分众化"的细分处理，需要在综合考虑如上所有因素后开展精确的"窄播"。

7.7 案例分析

阅读如下案例，并尝试应用本章相关理论分析如下案例和回答：
（1）本案例中的国际传播者是组织还是个人？传播目的是什么？
（2）本案例涉及的国际传播受众主要会是哪些？
（3）本案例涉及的国际传播媒介有哪些？
（4）本案例中的主要传播内容是什么？传播方法和手段有哪些？
（5）国际传播者是否实现了预期的传播效果？

如何向世界讲好中国故事
——以江西日报长篇报告文学《救援，跨越山河万里》为例[1]

北京时间 2023 年 2 月 6 日 9 时 17 分，土耳其发生 7.8 级地震，震源深度 20 公里。这是土耳其自 1939 年以来遭遇的最大地震，波及叙利亚、黎巴嫩、塞浦路斯、希腊、伊朗等国，造成重大人员伤亡，引起全世界的关注。在这场地震大灾难中，中国蓝天救援队万里驰援，赴土耳其展开国际人道主义救援。江西日报社邹海斌写下长篇报告文学《救援，跨越山河万里》，并发表在江西日报《井冈山》副刊，取得良好传播效果。

如下以江西蓝天救援队参与土耳其地震救援的新闻为例，探讨如何用国际传播视野讲好中国故事、传播中国道义。

---

[1] 本案例主要来自邹海斌 2023 年所写并发表于江西日报《井冈山》副刊的报告文学《救援，跨越山河万里》以及邹海斌、谢蓬勃 2024 年所写并发表于《传媒评论》的《如何向世界讲好中国故事——以江西日报长篇报告文学〈救援，跨越山河万里〉为例》，本书编著者对该两文内容进行了一些调整和编辑。

1. 从江西到国际视野的拓展

2023年2月6日,土耳其强震发生后,在江西宜春,笔者(邹海斌)蓝天救援队的朋友罗旭走出国门,参与了土耳其地震人道主义救援。2月17日深夜,罗旭发来微信,次日早上,她将乘坐高铁回到宜春。笔者决定去高铁站迎接和做些采访,而罗旭说的第一句话让人惊讶:"能平安回来,就是最大的幸福。"

从新闻的本质看,江西蓝天救援队跨国参与土耳其地震救援任务,本身具有国际传播属性。简短采访后,笔者写了一篇千字通讯报道,但传回报社后又把稿件撤了回来,总感觉蜻蜓点水,没有写到位,国际传播意识不够强。

经了解,江西参与土耳其抗震救灾的蓝天救援队员共有19名。如果从写一个人到写一支救援队,效果会怎样?如果从站在宜春的角度拓展到国际传播视野,效果又会怎样?

这两个大胆的设想,要克服分社记者的地域观念,要靠进一步的采访。人,是新闻的主角,要把"人"摆在突出位置,把目光聚焦土耳其地震救援的亲历者、见证者,让报道见人见事,更具亲和力和可读性,才能实现好的传播效果。

2. 以读者为中心谋篇布局

复杂世界,故事为王。报告文学的纪实与文学属性,让我们对把握好土耳其地震救援场景,有了更自由的发挥空间。在采写过程中,我们强化"故事思维",以读者为中心谋篇布局,增强国际新闻的故事化表达。

故事思维是指通过典型故事来观察分析客观事物,对人们的思想、观念、言行产生决定性作用,而且在这个过程中,其设身处地、身临其境的场景化特点,更能让人产生情感共鸣,达成共识。

有这样一个细节:江西蓝天救援队队长杨弈去看望获救的83岁哈利姆老人,老人讲述了地震发生时的情形,以及在救援过程中的生命守望。这是一个惊心动魄的新闻场景,但不是最佳的文章开头。

作为一篇国际传播题材的报告文学作品,更应站在国际友谊、人道主义的高度去描写。这时,我们又想起了杨弈描述的场景,也就是在江西蓝天救援队的营地,有两位马拉蒂亚老人去看望他们,行以最高礼仪的额手礼。于是,作品的开头就是这样写的:"'Tesekkur ederim(谢谢)!'2月12日,土耳其马拉蒂亚,两位老人向身穿蓝色救援服的杨弈走来,热情地亲吻他的手背,并托起杨弈的手背,轻碰自己的额头。"这是马拉蒂亚人的最高礼仪。

这是对这场跨越万里的地震救援的深深感激。用这样的场景,无疑更有高度，更具悬念，让读者更有兴趣往下看，去关注这场跨国救援。哈利姆在地震中遇险被困的场景，作为"奔赴"的故事引入。

讲好地震救援故事，必须要有支撑新闻的基本事实，也离不开生动传神的新闻细节。我们根据杨弈的转述，让细节有文学化的表达，意在营造惊险、悬念的气氛。在写作中，我们坚持国际传播视野，以读者为中心谋篇，将采访中获取的碎片化信息合理布局，进行场景化呈现，铺垫渲染，高潮迭起。

新闻最能打动人心的力量就是真实。兼容新闻和文学语言的优点，创造出具有事实层面上的新闻意境，文学化表达让新闻绽放出斑斓色彩，激发读者的阅读欲望。作品刊发后，《当代江西》编辑邓绪娟留言说："读完《救援，跨越山河万里》报告文学作品，仿佛跟着江西蓝天救援队的孤勇者们一起到达现场，一起开展营救。怎么会如此生动，鲜活感人！文中泪点多，几次被感动，最后看到遗书那一段，真的有点绷不住……"

3. 多平台传播，见证中国道义

副刊是文艺创作的重要阵地，是广大受众的艺术审美窗口。用国际传播视野报道重大突发事件，让世界看见中国道义，这是全媒体时代值得去探索的。

在媒体融合改革中，江西日报用全媒体传播理念，尽可能地实现副刊作品的多次传播，进一步讲好江西故事。按照"报端同发、先端后报"全媒体报道理念，《救援，跨越山河万里》在江西新闻客户端先期推出，次日在江西日报《井冈山》文学副刊头条发表，随后又在江西新闻客户端头条推出视频报道。全媒体报道让新闻力量超越纸媒。

这是一篇独家聚焦重大国际突发事件的重磅报道，江西国际传播中心高度重视，先后在X（原推特）、Meta、Youtube、TikTok等国际社交媒体平台推送。《救援，跨越山河万里》获中国日报中文网全文转载，还有美国《人文、艺术和社会科学》杂志（Journal of Humanities, Arts and Social Science）、Medium等海外网站转载，产生了良好的国际传播效果。

土耳其驻华大使馆官方微博在看了江西日报《井冈山》副刊刊发的《救援，跨越山河万里》报告文学作品后留言说："感谢你们的报道，也感谢江西蓝天救援队的救援！"

4. 地方媒体国际传播的几点启示

用国际传播视野讲好中国故事、中国道义，是构建国际传播新格局的必然要求。当前，我们的国际传播力量，逐步从"国家队"向"地方军"拓展，国际传播的效果也逐步得到了提升，但要实现立体式、多元化的国际传播，还需要多方努力，创新形式。

一是站位要高，拓宽国际传播视野。记者如果站不到一定高度，就会产生"新闻近视"，眼前的新闻看不见，重要的新闻抓不住，贻误时机，漏掉"大鱼"。笔者从最初的写一个蓝天救援队员，到扩展为写一支蓝天救援队的群像，就是选题站位的重大转变，站位的提升，才能精准抓住这条国际新闻的"大鱼"。

二要立足江西，多发掘国际传播"富矿"。党和国家领导人指示，深刻洞察国内外大势，为新形势下进一步做好国际传播工作提供了根本遵循，为讲好新时代中国故事、传播好中国声音，努力塑造可信、可爱、可敬的中国形象提供了重要指引。我国不断扩大对外开放，国际交往日益密切，这些都为全国各地不同省份和城市融入全球化发展，促进与世界的联系提供了更紧密的空间。有交流、有合作、有发展，就会孕育新闻，这需要我们在这座国际传播"富矿"中去挖掘好新闻。

三要拓宽渠道，解决国际传播"走出去"难题。当前，国际传播"走出去"的渠道不畅、质效不高的难题仍然有待突破，尤其是内容制作和产品推广缺乏有效有力支撑，导致在融合度、触达率、传播力等方面难有重大突破。要拓展国际传媒合作，依托海外主流媒体，畅通外媒传播渠道，通过多样化的正向传播，"借船出海"讲好中国故事、江西故事，让境外受众更好、更全面地了解中国，感受中国的善意。

复习思考题

① 请简述国际传播的历史沿革。
② 请简述应急国际传播者的主要特征。
③ 请简述国际组织开展应急国际传播的主要内容。
④ 请简述应急国际传播受众的主要特征。
⑤ 请简述政府应急国际传播的主要内容。
⑥ 请简述政府进行应急国际传播信息管控的主要内容。
⑦ 请简述应急国际传播效果的影响因素。

参考文献

[1] 陈安,周丹.突发事件机理体系于现代应急管理体制设计[J].安全,2019,07:16-23.
[2] 成连华,刘黎.应急管理概论[M].北京:应急管理出版社,2022.
[3] 陈力丹.舆论学——舆论导向研究[M].上海:上海交通大学出版社,2012.
[4] 陈力丹,陈俊妮.传播学纲要[M].2版.北京:中国人民大学出版社,2014.
[5] 杜秉贤.社会心理学[M].北京:群众出版社,1985.
[6] 程曼丽.国际传播学教程[M].北京:北京大学出版社,2006.
[7] 程曼丽.国际传播学教程[M].2版.北京:北京大学出版社,2023.
[8] 段鹏.传播学基础:历史、框架与外延[M].北京:中国传媒大学出版社,2013.
[9] 邓海荣,邓凤仪.舆论学基础与实务教程[M].成都:西南交通大学出版社,2020.
[10] 丹尼斯·麦奎尔.麦奎尔大众传播理论[M].6版.徐佳,董璐译.武汉:武汉大学出版社,2019.
[11] 风笑天.社会研究方法[M].6版.北京:中国人民大学出版社,2022.
[12] 韩运荣,喻国明.舆论学原理、方法与应用[M].3版.北京:中国传媒大学出版社,2020.
[13] 胡正荣,周亭.传播学概论[M].北京:高等教育出版社,2017.
[14] 郭庆光.传播学教程[M].2版.北京:中国人民大学出版社,2011.
[15] 林鸿潮.应急法概论[M].北京:应急管理出版社,2020.
[16] 吕文凯.舆论学简明教程[M].郑州:郑州大学出版社,2008.
[17] 李彪.舆论学教程[M].北京:中国人民大学出版社,2020.
[18] 李智.国际传播[M].2版.北京:中国人民大学出版社,2020.
[19] 李彬.传播学引论(增补版)[M].北京:新华出版社,2003.
[20] 李广智,李培元,贾宏图.舆论学通论[M].哈尔滨:黑龙江教育出版社,1989.
[21] 李黎明.传播学概论[M].武汉:武汉大学出版社,2011.
[22] 李雪峰,等.应急管理通论[M].北京:中国人民大学出版社,2018.
[23] 李雪峰,佟瑞鹏.应急管理概论[M].北京:应急管理出版社,2021.
[24] 卢毅刚.舆论学教程[M].2版.郑州:郑州大学出版社,2012.
[25] 李遐桢,等.应急法制概论[M].北京:应急管理出版社,2023.
[26] 李尧远,马胜利,郑胜利.应急预案管理[M].北京:北京大学出版社,2013.
[27] 理查德·韦斯特,林恩·H·特纳.传播理论导引:分析与应用[M].6版.刘海龙,于瀛,译.北京:中国人民大学出版社,2018.

[28] 刘海龙. 大众传播理论 [M]. 北京：中国人民大学出版社，2008.
[29] 刘建明. 新闻舆论形成的模式 [J]. 新闻三昧，2001，06：46-47.
[30] 刘建明，纪忠慧，王莉丽. 舆论学概论 [M]. 北京：中国传媒大学出版社，2009.
[31] 廖卫民，柯伟. 网络舆论波研究——基于波浪力学及杭州两起舆论事件的理论思考 [J]. 新闻记者，2010，04：12-16.
[32] [美] 阿特休尔. 权力的媒介 [M]. 黄煜，裘志康，译. 北京：华夏出版社，1989.
[33] [美] 威尔伯·施拉姆，等. 报刊的四种理论 [M]. 中国人民大学新闻系译. 北京：新华出版社，1980.
[34] [美] 威尔伯·施拉姆. 传播学概论 [M]. 陈亮，译. 北京：新华出版社，1984.
[35] 庞明礼. 公共政策学 [M]. 武汉：武汉大学出版社，2020.
[36] 任福君，翟杰全. 科技传播与普及概论（修订版）[M]. 北京：中国科学技术出版社，2014.
[37] 闪淳昌，薛澜. 应急管理概论：理论与实践 [M]. 2版. 北京：高等教育出版社，2021.
[38] 邵培仁. 传播学 [M]. 3版. 北京：高等教育出版社，2015.
[39] 薛澜，钟开斌. 突发公共事件分类、分级与分期 [J]. 中国行政管理，2005，02：102-107.
[40] 威尔伯·施拉姆，威廉·波特. 传播学概论 [M]. 2版. 何道宽. 北京：中国人民大学出版社，2010.
[41] 王灿发，邵全红，张馨. 新闻舆论学基础教程 [M]. 北京：中国广播影视出版社，2018.
[42] 王洛忠. 公共政策学 [M]. 北京：北京大学出版社，2022.
[43] 项德生. 试论舆论场与信息场 [J]. 郑州大学学报（哲学社会科学版），1992，05：1-6.
[44] 许静. 舆论学概论 [M]. 2版. 北京：北京大学出版社，2020.
[45] 《新闻学概论》编写组. 新闻学概论 [M]. 2版. 北京：高等教育出版社，2020.
[46] 杨月巧. 应急管理概论 [M]. 北京：清华大学出版社，2016.
[47] 杨月巧，王慧飞. 新应急管理概论 [M]. 北京：北京大学出版社，2020.
[48] 杨逐原. 新媒体舆论学 [M]. 武汉：武汉大学出版社，2020.
[49] 袁清林. 科普学概论 [M]. 北京：中国科学技术出版社，2002.
[50] 张国良. 传播学原理 [M]. 3版. 上海：复旦大学出版社，2021.
[51] 翟杰全. 科技公共传播的传播主体及其参与动机 [J]. 北京理工大学学报（社会科学版），2005，05：13-16.
[52] 钟开斌. 中外政府应急管理比较研究 [M]. 北京：国家行政学院出版社，2012.
[53] 钟开斌. 应急管理十二讲 [M]. 北京：人民出版社，2020.
[54] 周孟璞，松鹰. 科普学 [M]. 成都：四川科学技术出版社，2007.
[55] 周宇豪. 舆论传播学教程 [M]. 武汉：武汉大学出版社，2012.